新时代思政学科研究文库

思想政治教育内生动力理论研究

朱宏强◎著

光明日报出版社

图书在版编目（CIP）数据

思想政治教育内生动力理论研究 / 朱宏强著．
北京：光明日报出版社，2024.6. -- ISBN 978 - 7 - 5194 - 8061 - 5

Ⅰ．D64

中国国家版本馆 CIP 数据核字 2024D91F40 号

思想政治教育内生动力理论研究
SIXIANG ZHENGZHI JIAOYU NEISHENG DONGLI LILUN YANJIU

著　　者：朱宏强	
责任编辑：李壬杰	责任校对：李　倩　李海慧
封面设计：中联华文	责任印制：曹　净

出版发行：光明日报出版社
地　　址：北京市西城区永安路 106 号，100050
电　　话：010-63169890（咨询），010-63131930（邮购）
传　　真：010-63131930
网　　址：http：//book.gmw.cn
E - mail：gmrbcbs@gmw.cn
法律顾问：北京市兰台律师事务所龚柳方律师
印　　刷：三河市华东印刷有限公司
装　　订：三河市华东印刷有限公司
本书如有破损、缺页、装订错误，请与本社联系调换，电话：010-63131930
开　　本：170mm×240mm
字　　数：178 千字　　　　　　　印　　张：16
版　　次：2024 年 6 月第 1 版　　　印　　次：2024 年 6 月第 1 次印刷
书　　号：ISBN 978 - 7 - 5194 - 8061 - 5
定　　价：95.00 元

版权所有　　翻印必究

新时代思政学科研究文库·编委会

主　编：冯　刚

副主编：白永生　金国峰

编　委（按姓氏笔画为序）：

王　振　朱宏强　吴满意　严　帅

张小飞　张晓平　罗仲尤　钟一彪

胡玉宁　龚　超　曾令辉　曾永平

序　言

　　传承、实践与创新是思想政治教育学科永续发展的必由之路。思想政治教育学科40年砥砺前行，取得了长足发展，积累了丰富经验和坚实基础，在规律把握中不断推进科学化。新时代思想政治工作作为治党治国的重要方式，需要思想政治教育学科的理论支撑，全面建设社会主义现代化国家的新征程也为思想政治教育学科发展实践提供了广阔天地。实践是创新的基础，创新是发展的关键，立足新时代思想政治教育学科实践，以揭示和运用规律、推动学科接续发展为旨归，深入总结思想政治教育学科创新成果，是新时代思想政治教育学科资政育人功能充分发挥的关键所在。

一、新时代思想政治教育学科研究具有深厚的实践基础

　　实践出真知，纵观40年学科发展历程，眺望新征程学科建设之路，实践始终是思想政治教育学科深化发展的丰沃土壤。一直以来，思想政治教育学科不仅承担着思想理论研究的使命，而且肩负着把

研究成果转化为教育内容、完成马克思主义理论教育的任务。由此，思想政治教育学科在我国社会主义事业中举足轻重的地位充分展现。立足思想政治教育40年丰硕实践，思想政治教育学科不断深化理论基础，优化政策制度设计，增进发展内生动力，推动内涵式发展，使思想政治教育的发展更加有积淀、更加有保障、更加有活力、更加有质量，在理论、制度、发展动力和发展模式上系统增进科学化，把思想政治教育的创新发展不断推向新高度。特别是党的十八大以来，以习近平同志为核心的党中央立足新时代中国特色社会主义的伟大实践，在思想政治教育领域提出了一系列新思想、新举措，这些重要思想和举措有机统一，体现出鲜明的时代特征，为思想政治教育学科的理论与实践创新发展提供了根本遵循。在习近平新时代中国特色社会主义思想的指导下，新时代思想政治教育学科蓬勃发展，理论研究的不断深化为我国思想政治工作提供了有力理论支撑，学科体系的日益完善助力推动形成具有中国特色、中国风格、中国气派的哲学社会科学体系，教育教学改革的不断推进切实提高了思想政治教育的质量和国际化水平，在加强国际交流合作、借鉴世界先进经验中实现了思想政治教育学科的创新发展。

踏上全面建设社会主义现代化国家的新征程，思想政治工作成为治党治国的重要方式，对此为思想政治工作科学化发展提供理论支撑的思想政治教育学科也迎来了广阔的发展空间。面对新征程中宣传思想领域的新挑战，思想政治教育学科在实践问题破解中实现了新发展。面向社会意识形态的多样化，随着我国社会经济的发展，人们的思想观念发生了深刻的变化，社会意识形态呈现出多样化态势。这就要求思想政治教育学科要主动适应这一变化，不断创新教育内容和方式，牢牢把握马克思主义在意识形态领域的指导地位。面向网络信息传播的迅速化，互联网的普及使得信息传播速度加快、范围更广。思想政治教育学科要关注网络空间的健康发展，引导网民树立正确的价值观，抵制不良信息的侵害。同时，善于运用现代信息技术，提高思想政治教育的实效性。面向国际交流的常态化，新时代国际交流日益频繁，不同文化、价值观的碰撞和交融使得人们的思想更加活跃。思想政治教育学科要关注国际形势的变化，教育人们树立国家意识、民族意识，坚定"四个自信"。面向社会问题的复杂化，随着我国社会转型的深入，各种社会问题日益凸显。思想政治教育学科要关注这些问题，引导人们正确认识和分析社会现象，树立正确的世界观、人生观和价值观。通过教育，提高人们的道德素质和社会责任感，为解决社会问题贡献力量。面向人才培养的多元化，新时代要着力培养德智体美劳全面发展的社会主义建设者和接班人，思想政治教育学科要在人才培养中发挥重要作用，着力培养能够担当民族复兴大任的时代新人。因此，新时代思想政治教育学科必须紧跟时代发展，积极融入中国式现代化建设实践，锚定打破困境的突破口，明确接续发展的生长点，找准质量提升的着力点，实现新时代思想政治教育学科的内涵式高质量发展。

二、深刻把握新时代思想政治教育学科研究的基本规律

把握规律是对思想政治教育本质的执着追求，40年来思想政治教育学科在规律探寻中砥砺前行，也将在规律指导下创新发展。思

想政治教育学科具有突出的理论性和实践性，理论和实践相统一是贯穿思想政治教育发展始终的基本规律，理论是实践的指导，理论又在实践导向中创新并在实践检验中发展。为了回应新时代的发展要求，满足思想政治教育学科改革和创新的需求，新时代思想政治教育学科要注重理论创新、方法创新和课程创新。第一，新时代思想政治教育的理论创新应立足马克思主义理论的基本原理，紧密结合新时代中国特色社会主义事业的发展实际，着力探讨思想政治教育规律的新表现、新实践和新发展，深入研究新时代思想政治教育的重大理论和实践问题。第二，与时俱进是思想政治教育发展规律的本质要求，新时代思想政治教育学科的方法创新应注重结合现代科技手段，提高思想政治教育的针对性和实效性。同时，注重传统方法与现代科技手段的有机结合，如线上线下相结合、情感与理性相统一等，实现新时代思想政治教育方法的创新性发展。第三，新时代思想政治教育学科的课程创新应着力推进大中小学思想政治教育一体化建设，实现课程体系的系统化、科学化。此外，注重课程内容的更新，将习近平新时代中国特色社会主义事业的新理论、新成果融入课程体系中，提高课程的时代性。

遵循和运用规律是新时代思想政治教育学科发展的必由之路，在规律深化中将思想政治教育学科研究引向深入。思想政治教育学科应坚持马克思主义理论，特别是习近平新时代中国特色社会主义思想的指导地位，坚定理论自信；贯彻以人民为中心的发展思想，在服务党和国家中心工作中实现学科发展；积极融入中国实践，总结中国经验，贡献中国智慧；推动与其他学科的交叉融合，拓宽研究领域；着力加强学科队伍建设，提高学科人才的培养质量。总而言之，新时代思想政治教育学科应坚持规律指导，紧紧抓住发展机遇，积极应对挑战，随着思想政治教育理论与实践研究的不断深入、研究视野的持续开拓，思想政治教育必将在守正创新中不断深化，思想政治教育学科必将在内涵式发展的道路上迈向新高度。

三、丰富拓展新时代思想政治教育学科研究文库

满眼生机转化钧，天工人巧日争新。在思想政治教育学科发展过程中，一大批中青年学者通过积极参与学科建设工作，逐渐崭露头角，成长为独当一面的学术骨干。他们在研究过程中不断拓宽视野，提出富有创新性的观点，为学科理论体系注入了新的活力。这些中青年学者不仅推动了思想政治教育学科的繁荣发展，还为培养新一代思政人才、服务国家和社会做出了重要贡献。在长期的学术探索中，这些中青年学者立足于时代发展的前沿，深入研究思想政治教育的核心问题，积极回应新时代面临的挑战。他们勇于突破传统研究范式，不断创新理论框架，为学科发展提供了源源不断的动力。同时，他们还注重将理论研究与实践应用紧密结合，持续丰富思想政治教育学科理论体系。在成长过程中，这些中青年学者紧紧把握时代脉搏，关注国家和社会发展需求，深入挖掘传统优秀文化资源，借鉴国际先进经验，积极探索适应新时代的教育方法，以期为我国思想政治教育事业的发展贡献力量。在研究过程中，这些中青年学者充分发挥自身优势，勇于突破传统束缚，以全球视野和时代高度审视思想政治教育的发展。他们结合国际国内的新形势、新

任务，对学科的理论体系进行深入挖掘和创新发展，为构建具有中国特色、世界水平的思想政治教育学科体系做出了积极努力。在未来的道路上，这些中青年学者将以更加坚定的信念、更加宽广的视野、更加严谨的态度，为思想政治教育学科的繁荣发展贡献力量，为实现中华民族伟大复兴的中国梦书写新的篇章。

基于此，我们精心策划了这套具有鲜明时代特色和实践价值的《新时代思政学科研究文库》，组织了一批在我国思想政治教育领域具有重要成就的中青年学者，呈现他们对于思想政治教育的深入认识和系统观点。丛书从不同维度对思想政治教育学科理论和实践问题作出探索性研究，深入剖析了新时代思想政治教育的核心议题，为丰富思想政治教育学科理论体系提供了参考。丛书第一批次包括《网络时代高校思想政治教育对象研究》《高校思想政治理论课教学研究》《新时代高校思政课"八个相统一"规律研究》《思想政治教育内生动力理论研究》《思政课教师专业发展研究》《思想政治教育场景论》《思想政治教育接受动力研究》《社会主义意识形态价值结构纵横论》8本分册。其中，《网络时代高校思想政治教育对象研究》深入剖析网络时代高校思想政治教育目标群体特征和需求的变化，强调网络环境对教育对象的影响，为提升思想政治教育效果提供了理论支撑。《高校思想政治理论课教学研究》从教学角度出发，研究了高校思想政治理论课的改革创新，提出了教学模式、教学方法、教学评价等方面的创新举措，为提高教学质量提供了有益借鉴。《新时代高校思政课"八个相统一"规律研究》围绕习近平总书记对思政课建设的改革创新方法论进行了系统的学理性阐述，深刻总结了思政课建设长期以来形成的规律性认识，构成一个紧密联系、有机统一的整体。《思想政治教育内生动力理论研究》系统探究了思想政治教育内生动力的核心问题，为认识和激发内生动力进而推动思想政治教育内涵式发展奠定了理论基础。《思政课教师专业发展研究》聚焦中学思政课教师群体，着眼教师专业发展视角，深入探究了中学思政课教师专业发展的基本过程，为提升教师队伍的整体素质提供了理论和实践指导。《思想政治教育场景论》从场景角度出发，论证了思想政治教育场景的多样性、针对性和实效性，探讨了思想政治教育的有效实施途径。《思想政治教育接受动力研究》通过研究思想政治教育的接受动力，强调教育对象的接受动力是提高教育效果的关键，教育者应关注教育对象的兴趣、需求和困惑，从而有针对性地开展教育活动。《社会主义意识形态价值结构纵横论》从价值视角出发，系统分析了社会主义意识形态的价值结构，为做好新时代意识形态工作提供了借鉴。

总体而言，《新时代思政学科研究文库》既着力为思想政治教育学科中青年学者提供平台和窗口，也推动研究成果有力支撑我国思想政治教育的创新发展，为中国式现代化建设培养德智体美劳全面发展的社会主义建设者和接班人贡献力量。

北京师范大学思想政治工作研究院院长

冯刚

2024 年 2 月

目录
CONTENTS

绪　论 ………………………………………………………………… 1
　一、把握思想政治教育内生动力的时代蕴涵 ………………………… 1
　二、梳理思想政治教育内生动力的认识基础 ………………………… 6
　三、审思思想政治教育内生动力的思路方法 ………………………… 21

第一章　思想政治教育内生动力的学理阐释 ……………………… 28
　第一节　思想政治教育内外动力的划分依据 ………………………… 29
　第二节　思想政治教育内生动力的基本内涵 ………………………… 41
　第三节　思想政治教育内生动力的价值意蕴 ………………………… 51

第二章　思想政治教育内生动力的理论渊源 ……………………… 63
　第一节　马克思主义经典作家的相关思想理论 ……………………… 63
　第二节　中国共产党领导人的相关思想理论 ………………………… 76

1

第三节　相关学科关于内生动力的思想理论 …………… 100

第三章　思想政治教育内生动力的系统构成 …………… 110
　　第一节　思想政治教育内生动力的根源核心 …………… 110
　　第二节　思想政治教育内生动力的具体表征 …………… 122
　　第三节　思想政治教育内生动力的结构关系 …………… 134

第四章　思想政治教育内生动力的形成机制 …………… 146
　　第一节　思想政治教育内生动力生发机制 …………… 146
　　第二节　思想政治教育内生动力转化机制 …………… 157
　　第三节　思想政治教育内生动力凝聚机制 …………… 168

第五章　思想政治教育内生动力的激发提升 …………… 180
　　第一节　激发思想政治教育主客体的主动创造性 …………… 180
　　第二节　发挥思想政治教育矛盾的可持续推动作用 …………… 191
　　第三节　推动思想政治教育评价环节常态化制度化 …………… 202
　　第四节　强化思想政治教育内生动力的凝聚融合 …………… 212

结　语 ………………………………………………… 224

参考文献 ……………………………………………… 227

后　记 ………………………………………………… 237

绪　论

思想政治教育内生动力研究是随时代发展和学科发展提出的重要课题。党的十八大以来，习近平总书记高度重视内生动力的重要作用，围绕经济建设发展、全面深化改革、脱贫攻坚工作等重大问题，多次提出要激发内生动力，充分肯定了内生动力是破解发展问题的关键所在。在教育内涵式、高质量发展的整体趋势下，思想政治教育要适应发展要求，就必须向内寻求改革创新的推动力量。思想政治教育内生动力研究展现出现实必要性和理论延展性。

一、把握思想政治教育内生动力的时代蕴涵

动力是贯穿思想政治教育发展始终的关键问题，而内生动力作为动力结构中深层次、基础性的要素，在思想政治教育内涵式、高质量发展阶段发挥着重要作用。思想政治教育内生动力研究是理论统一于实践的重要课题，具有重要的理论价值和实践价值。

（一）思想政治教育内生动力的研究背景分析

思想政治教育内生动力研究是适应时代发展和学科发展需要提出的关键议题。作为当前我国高等教育发展的重要趋势，内涵式、高质量发展是推进教育现代化的必由之路。2010年，中共中央、国务院印发《国家中长期教育改革和发展规划纲要（2010—2020年）》，提出要"树立以提高质量为核心的教育发展观，注重教育内涵发展"[1]。2012年教育部印发《关于全面提高高等教育质量的若干意见》，提出要"坚持内涵式发展……走以质量提升为核心的内涵式发展道路"[2]。党的十八大报告明确指出，要"着力提高教育质量……推动高等教育内涵式发展"[3]。党的十九大报告进一步强调，"加快一流大学和一流学科建设，实现高等教育内涵式发展"[4]。2018年，习近平总书记在北京大学师生座谈会上明确指出，"走内涵式发展道路是我国高等教育发展的必由之路"[5]。2019年，中办、国办印发《加快推进教育现代化实施方案（2018—2022年）》，明确提出推进教育现代化的十项重点任务之一为推动高等教育内涵式

---

[1] 国家中长期教育改革和发展规划纲要（2010—2020年）[M]. 北京：人民出版社，2010：14.
[2] 教育部关于全面提高高等教育质量的若干意见[EB/OL]. 中华人民共和国教育部，2012-03-16.
[3] 中共中央文献研究室. 十八大以来重要文献选编：上[M]. 北京：中央文献出版社，2014：27.
[4] 习近平. 决胜全面建成小康社会 夺取新时代中国特色社会主义伟大胜利：在中国共产党第十九次全国代表大会上的报告[M]. 北京：人民出版社，2017：46.
[5] 习近平. 在北京大学师生座谈会上的讲话[M]. 北京：人民出版社，2018：4.

发展。2021年，党的十九届六中全会通过的《中共中央关于党的百年奋斗重大成就和历史经验的决议》强调，要"推动高等教育内涵式发展，推进教育强国建设"①。

在高等教育内涵式、高质量发展的整体趋势下，思想政治教育作为对政策要求关注、与实践联系密切的学科，必然向内涵式、高质量发展方向迈进。2017年是高校思想政治理论课教学质量年。2017年5月，《2017年高等学校思想政治理论课教学质量年专项工作总体方案》发布，强调突出问题导向、紧扣重点环节、立足协同推进，通过开展大调研、构建大格局，切实提升高校思政课质量和水平。2017年12月，《高校思想政治工作质量提升工程实施纲要》出台，强调围绕全员全过程全方位育人建设，着力构建以"十大育人"为核心的高校思想政治工作质量体系。2019年，学校思想政治理论课教师座谈会召开，中办、国办印发《关于深化新时代学校思想政治理论课改革创新的若干意见》，强调"全面提高思政课质量和水平……注重推动思政课建设内涵式发展"②。2020年，中共中央、国务院印发《深化新时代教育评价改革总体方案》，强调发挥教育评价指挥棒作用，突出质量导向，加快推进教育现代化、建设教育强国。2021年，中共中央、国务院印发《关于新时代加强和改进思想

---

① 中共中央关于党的百年奋斗重大成就和历史经验的决议［M］.北京：人民出版社，2021：49.
② 关于深化新时代学校思想政治理论课改革创新的若干意见［M］.北京：人民出版社，2019：3-4.

政治工作的意见》，专门强调"要提升基层思想政治工作质量和水平"①。

面向新时代新任务，思想政治教育要实现内涵式、高质量发展，必须深入发掘可持续的内生动力。习近平总书记高度重视内生动力的重要性，多次就经济建设发展、全面深化改革、打赢脱贫攻坚战等问题强调要激发内生动力，充分肯定了内生动力在推动发展中的重要作用。内生动力是破解发展问题的关键所在，对于思想政治教育发展更是如此。"世上没有无源之水、无本之木，探索思想政治教育的创新发展，必须回归到思想政治教育活动本身，寻找其前进发展的内生动力，实现思想政治教育的内涵式发展和遵循规律的良性发展。"② 实现内涵式、高质量发展，重在发掘思想政治教育发展动力，根本在于内生动力的激发。而在此之前，首先要回答好什么是思想政治教育内生动力、思想政治教育内生动力包括哪些以及思想政治教育内生动力如何形成等一系列关键问题，才能准确把握思想政治教育内生动力的基本规律，为思想政治教育内生动力的提升奠定学理基础。沿着这一思路，本书聚焦思想政治教育内生动力，在明确内外动力划分标准、深刻把握内生动力基本内涵和价值意义、系统梳理内生动力相关思想理论的基础上，通过对思想政治教育内部各要素相互作用关系的系统把握，探讨思想政治教育内生动力的

---

① 中共中央国务院印发《关于新时代加强和改进思想政治工作的意见》[N]. 人民日报，2021-07-13（1）.
② 冯刚. 探索思想政治教育发展的内生动力 [M]. 北京：人民出版社，2017：1.

构成体系、形成机制和提升路径等问题，以形成对思想政治教育内生动力的学理性阐释。

(二) 思想政治教育内生动力的研究价值把握

内生动力作为思想政治教育动力的关键构成，是促进思想政治教育改革创新的根本动力。思想政治教育内生动力研究是理论统一于实践的重要命题。深入开展思想政治教育内生动力研究，既有一定的理论价值，又有相应的实践价值。

就其理论价值而言，思想政治教育内生动力研究是深化思想政治教育理论研究的重要着力点和突破口。一方面，开展思想政治教育内生动力研究，有助于完善思想政治教育动力理论研究。作为动力理论研究中比较新的视角，内生动力因其在动力结构中的深层性、根源性定位，内生动力研究也是思想政治教育动力理论研究中的基础和根本。从"内生"视角出发，基于对内外动力关系的梳理，准确把握思想政治教育内生动力的科学内涵，认识探索内生动力的构成体系和形成机制，进而有针对性地提出思想政治教育内生动力的提升路径，以形成对于思想政治教育内生动力较为系统的学理阐释，同时也进一步丰富深化了思想政治教育动力理论研究。另一方面，开展思想政治教育内生动力研究，有助于思想政治教育整体理论的深化拓展。思想政治教育内生动力生成于思想政治教育内部各要素的相互作用，对思想政治教育内生动力的研究必然涉及对主体、客体、内容等多要素及其作用关系的认识研究。那么基于思想政治教育内生动力研究视角，相关基础理论研究也将在内生动力的探讨中认识新情况、研究新问题、实现新发展。

就其实践价值而言，内生动力是推动思想政治教育可持续发展的重要力量。一方面，内生动力本质上是促进思想政治教育自身发展进步的内在推动力量，基于对内生动力的学理探究，对其构成体系、形成机制的准确把握，内生动力理论将有助于指导思想政治教育内生动力激发的实践，进而为思想政治教育的创新发展提供持续的内在动力支持。另一方面，内生动力很大程度上来源于思想政治教育主客体，加强思想政治教育内生动力研究，厘清主客体与内生动力的转化关系，将有助于激发思想政治教育主客体的主动性，进而提升内生动力的转化效率，不断激发推动思想政治教育可持续发展的内在主体力量。

二、梳理思想政治教育内生动力的认识基础

从现有文献来看，思想政治教育内生动力研究是一个相对较新的议题。本书系统梳理国内关于思想政治教育内生动力的现有研究，借鉴国外的相关研究，在总结经验、明晰不足的过程中完善研究框架，寻找研究的生长点和创新点，为深化研究奠定基础。

（一）国内相关研究述评

基于对文献的梳理总结可以发现，目前学界更多的是对思想政治教育动力的整体研究，其中部分从内生视角进行动力探讨，对于思想政治教育内生动力的专门研究相对较少。然而，学界对于思想政治教育动力的研究，以及其中关于内生动力的探讨，已经初步形

成了研究的基本架构，为开展思想政治教育内生动力研究奠定了基础、提供了思路。

1. 关于思想政治教育动力的研究

现有成果更多集中在对思想政治教育动力的整体研究，主要从构成要素、形成机制等视角开展研究，对思想政治教育动力的基本问题进行了深入探讨。

关于思想政治教育动力构成要素的研究。思想政治教育动力包括哪些是研究者们探讨的首要问题，其中一元动力论和动力系统论是两种主要观点。在一元动力论中，研究者们对于什么是思想政治教育动力的观点各不相同，主要分为以下两种。第一，矛盾动力论。一定社会、一定阶级提出的对人们思想品德的要求与人们实际的思想品德水准之间的矛盾，是思想政治教育学研究领域的特殊矛盾，这个特殊矛盾是思想政治教育不断发展的动力。[1] 有研究者明确了思想政治教育特殊矛盾，"一定社会发展的要求同人们实际的思想品德水准之间的矛盾"成为当前学界的共识，将其视为思想政治教育存在的内在根据、起点和动力，并贯穿发展始终[2]。有研究者在认同这一特殊矛盾的基础上，明确了思想政治教育矛盾是发展的内在动力和活力源泉。[3] 有研究者从思想政治教育本质属性进行分析，

---

[1] 张耀灿，郑永廷，吴潜涛，等. 现代思想政治教育学 [M]. 北京：人民出版社，2006：6.

[2] 陈万柏，张耀灿主编. 思想政治教育学原理：第3版 [M]. 北京：高等教育出版社，2015：6.

[3] 冯刚，彭庆红，佘双好，等. 新时代高校思想政治教育学原理 [M]. 北京：人民出版社，2021：26.

提出思想政治教育的基本矛盾即统治阶级对于成员思想政治素质的要求与成员实际素质状况的矛盾的展开过程，是思想政治教育动力呈现的过程。① 有研究者运用唯物辩证法的观点，从矛盾视角出发探讨了思想政治教育发展的内生动力，认为矛盾对立统一持续激发发展的内生动力。② 第二，需要动力论。有研究者认为人的需要是动力之源，需要因其具有的未满足与满足之间的对立统一性，以及持续发展的特性，成为思想政治教育的动力。③ 有研究者从教育现代化发展生成的需要根源出发，指出需要是其生成的起点，影响思想政治教育的发生与变化，需要满足是其生成的根源。④ 还有研究者将改革创新、实践、理想信念等视为思想政治教育的动力，是一元动力论的代表性观点。另一部分研究者认为动力不是单一的，是由多种动力组成的系统，但对于动力系统的构成要素观点不一。有研究者从宏观、中观、微观三个层次对思想政治教育发展动力进行剖析，探讨了思想政治教育发展动力系统。⑤ 有研究者基于对历史的回顾，总结生产力发展水平是高校思想政治教育的根本发展动力，

---

① 唐晓燕．思想政治教育动力辨析［J］．思想政治教育研究，2015（2）：13-17．
② 朱宏强．矛盾视角下思想政治教育发展的内生动力［J］．学校党建与思想教育，2022（7）：38-41．
③ 马奇柯．论思想政治教育的动力机制［J］．江汉论坛，2004（9）：25-27．
④ 阿剑波．思想政治教育现代化发展研究［D］．兰州：兰州大学，2020：122-130．
⑤ 廖志诚．论思想政治教育发展动力系统的构成［J］．马克思主义与现实，2009（6）：194-196．

党的历史任务是基本发展动力，学生个体发展需要是直接发展动力。① 有研究者从制度的角度分析了思想政治教育制度发展的动力构成，包括社会矛盾运动产生根本动力，现实利益冲突生成一般动力，人才培养需要带来直接动力，教育实践运行激发内生动力。② 有研究者分析了大学生思想政治教育的动力系统，指出需要是根本动力，矛盾是基本动力，教育者和教育对象动力是主体动力。③ 研究者们对思想政治教育动力构成问题提出了各自的见解，形成了丰富的研究成果，初步构建起思想政治教育动力体系。

关于思想政治教育动力形成机制的研究。动力的形成机制是研究者们探讨的另一重要问题，在明确思想政治教育动力构成要素的基础上，对其形成过程进行分析梳理。有研究者在明确包括动力主体、动力客体、动力传递媒介、动力源、动力方向、动力贮存体的思想政治教育动力机制结构基础上，提出了政策导向机制、利益导向机制、精神动力机制、竞争机制、创新机制的动力机制。④ 有研究者分析了由主体方向力、客体驱动力、介体传递力、环体支撑力构成的思想政治教育动力系统，同时描述了它们所产生的合力作用，并阐明它们之间的关系及作用机理，对思想政治教育动力机制进行

---

① 冯刚, 金国峰. 新中国成立70年来高校思想政治教育的发展动力、经验和展望 [J]. 思想理论教育, 2019 (10): 31-33.
② 马关生. 社会转型时期思想政治教育制度发展研究 [D]. 哈尔滨: 哈尔滨工程大学, 2013: 51-55.
③ 吴瑕. 大学生思想政治教育动力研究 [D]. 北京: 北京交通大学, 2013: 41-90.
④ 马奇柯. 论思想政治教育的动力机制 [J]. 江汉论坛, 2004 (9): 25-27.

了探析。① 有研究者在肯定思想政治教育动力源自"需要"的基础上,通过分析需要在宏观、中观和微观场域中的具体表现,探讨了需要到动力的转化机制。② 有研究者借鉴现代接受理论,通过对当代思想政治教育症候的分析,提出新媒体环境下要改善思想政治教育质量水平,必须转变观念,基于接受主体角度,着力分析厘清整个接受过程和接受规律,进而激发思想政治教育的动力。③ 有研究者从政策视角对动力机制进行探讨,指出社会环境作为根本动力、政府作为基础动力、大学生作为直接动力融合生成的合力,构成思想政治教育的政策变迁动力。④ 有研究者从认知的角度有效探究思想政治教育认知动力的生成过程,提出其认知动力主要通过碰撞生成、变更生成、竞争生成、逆阻生成、失衡生成等多元方式生成。⑤ 研究者们基于自身认同的思想政治教育动力观点,以过程、阶段或机制的形式对其动力的形成进行探讨,为揭示动力的形成机制做出有益探索。

综合对思想政治教育动力相关研究成果的梳理和分析,可以发现:思想政治教育动力构成研究呈现观点多元化的特点,研究者们围绕自身观点做出合理性解释。这些研究逐步展现了思想政治教育

---

① 刘先进. 思想政治教育动力机制探析 [J]. 求实, 2006 (7): 80-82.
② 邵献平. 思想政治教育动力机制新论 [J]. 探索, 2006 (5): 90-93.
③ 张军. 新媒体环境下现代思想政治教育的动力生成 [J]. 学校党建与思想教育, 2011 (7): 46-48.
④ 张峰, 韩丹. 论新中国高校思想政治教育政策变迁的动力机制 [J]. 东北师大学报 (哲学社会科学版), 2012 (3): 179-182.
⑤ 覃小林. 思想政治教育认知论 [D]. 武汉: 华中师范大学, 2016: 50-57.

动力体系的全貌，但同时存在重复性、碎片化等问题，有待进一步梳理和整合。对于思想政治教育动力形成的研究，研究者们从不同的动力观点出发进行了探讨，形成了一定的理论研究成果，但对动力形成的研究多停留在过程分析上，对深层机制的分析把握较少，有待进一步深化研究。

2. 关于思想政治教育内生动力构成的研究

目前学界关于思想政治教育内生动力的专门研究相对较少，更多是将其作为思想政治教育动力系统中的一个部分进行探讨，但研究框架基本清晰。首先是关于思想政治教育内生动力构成的研究。通过梳理总结现有成果发现，与思想政治教育动力构成一样，思想政治教育内生动力构成的研究也主要分为一元动力论和动力系统论两种观点。

在一元动力论中，研究者们关于什么是思想政治教育内生动力的观点，主要分为以下两种。第一，矛盾动力论。有研究者从范式的角度提出学生思想政治发展的内在需要与思想政治教育属性之间的矛盾，以及教育过程诸要素的内在矛盾是高校思想政治教育范式转换的内在动力。[1] 有研究者着眼审美力视角，从基本矛盾和具体矛盾出发对思想政治教育审美力的内生动力系统开展分析。[2] 有研究者提出高校内多主体、多环节、多部门、多层次之间矛盾双方的

---

[1] 吴琼."文本"到"人本"：高校思想政治教育范式转换研究[D]．上海：复旦大学，2007：78-86．

[2] 吕明阳．思想政治教育审美力研究[D]．成都：电子科技大学，2020：105-112．

差异性与统一性、竞争性与合作性形成的非线性相互作用,是高校"三全育人"系统生成发展的内在动力。① 有研究者指出高校思想政治理论课特殊性与课程一般性、高效教与有效学、内生动力与外力扶植、内容守正与方法创新等矛盾关系,是高校思想政治理论课内涵式发展的内生动力。② 有研究者提出思想政治教育客体的新需要与思想政治教育能否满足该新需要的主要矛盾,引发了思想政治教育的内生动力。③ 有研究者指出思想政治教育理论创新与实践发展之间的矛盾、"有效"供给与"个性"需求之间的矛盾是新时代思想政治教育高质量发展的内生动力。④

第二,需要动力论。有研究者提出必须坚持发展为了人民,通过切实满足人民需要以增强思想政治教育内生动力,点明了需要的内生动力作用。⑤ 有研究者从价值生成的角度提出思想政治教育领导主体的需要、教育者个体主体的需要和教育对象个体主体的需要是红色资源思想政治教育价值生成的内在动力。⑥ 有研究者从社会

---

① 朱浩.高校"三全育人"系统生成发展的机理研究:基于CAS理论的视角[J].系统科学学报,2020(4):46-50.
② 王爱莲.高校思想政治理论课内涵式发展的基本矛盾及其关系处理[J].学术探索,2021(1):143-149.
③ 王留玉,赵继伟.国家治理现代化促进思想政治教育创新发展的基本原理[J].学校党建与思想教育,2021(11):19-20.
④ 张国启,刘亚敏.新时代思想政治教育高质量发展的逻辑内涵与实践理路[J].思想理论教育,2021(5):53-58.
⑤ 冯刚,白永生.中国共产党思想政治教育百年发展的经验与启示[J].人民教育,2021(11):6-14.
⑥ 聂国林.红色资源思想政治教育价值有效实现研究[D].南昌:南昌大学,2013:86-91.

化的视角提出人的需要是人的内在规定性，社会历史的前进始终离不开人的需要与利益方面的诉求，思想政治教育的社会化存在与发展以人的需要为内在动力。① 有研究者提出思想政治教育内生机制源于人的内在需要，特别是人的思想更新的需要，阐明了需要是内生动力根源的观点。② 有研究者提出需要作为人的主体实践的根本遵循和存在方式，是推动社会进步的内在动因。对思想政治教育存在和发展而言，人的物质需要是基本动力，精神需要是直接动力。③ 有研究者提出思想政治工作从根本上说就是做人的工作，就是如何把"人的需要"引导好，引导人的物质需要和精神需要、个人需要与社会需要以及当前需要和未来发展需要是思想政治教育发展的内生动力。④ 有研究者提出需要本性是高校思想政治教育的存在依据，教育的任务要求与学生成长发展需要的根本目标一致。切实分析厘清学生成长的需求期待，从而助力提升高校思想政治教育的内生动力。⑤ 还有研究者从道德、有效性等角度探讨了思想政治教育的内生动力。

---

① 邵晓军. 马克思主义"人学"视域下思想政治教育社会化问题研究 [D]. 西安：西安科技大学，2013：58-68.
② 孙其昂. 论思想及思想政治教育内生机制 [J]. 思想政治教育研究，2014 (3)：1-4.
③ 宋德勇. 人学视角的现代思想政治教育研究 [M]. 郑州：河南人民出版社，2016：71-96.
④ 厉晓妮. 论思想政治教育发展的内生动力 [J]. 学校党建与思想教育，2018 (9)：39-42.
⑤ 马振清，吕幸星. 需要本性：高校思想政治教育的内生动力 [J]. 广西社会科学，2019 (10)：165-170.

支持动力系统论的研究者们认为思想政治教育内生动力不是单一动力，而是由多种动力复合而成的系统合力，但对于动力系统的构成要素观点不一。有研究者认为，通过创新体制机制、优化供给结构、增强文化蕴涵、借助多学科理论和方法激发思想政治教育持续发展的内生动力。① 有研究者从社会管理的视角提出思想政治工作创新的内在动力包括内容要素驱动、方法要素驱动、制度要素驱动、载体要素驱动、理论要素驱动。② 有研究者从实践育人的视角提出人的未完成性、人的需要、理想人的生成愿望构成了高校实践育人的内生动力。③ 有研究者从立德树人视角提出包括自我教育力、高校教育主体教育力、社会教育力在内的立德树人系统化运行动力系统。④ 有研究者认为高校思政课的内生动力来源于思政课教师队伍、课堂建设、科学研究、现代信息技术手段、科学评价等要素的协同配合。⑤ 有研究者从人才培养的视角提出理论引领力、实践滋养力、需求驱动力构成新时代思想政治教育专业人才培养的内在动

---

① 冯刚. 探索思想政治教育发展的内生动力 [M]. 北京：人民出版社，2017：224-226.
② 钟和平. 社会管理中思想政治工作创新研究 [D]. 长沙：湖南大学，2014：107-112.
③ 陈步云. 论高校实践育人动力机制的构建 [J]. 学校党建与思想教育，2018（11）：15-16.
④ 蔡毅强. 高校立德树人系统化运行机制研究 [D]. 福州：福建师范大学，2019：91-95.
⑤ 王爱莲，康秀云. 高校思想政治理论课内涵式发展的建设合力探析 [J]. 广西社会科学，2021（4）：174-175.

力。① 研究者们对思想政治教育内生动力构成问题提出了各自的观点，形成了较为丰富的理论成果，初步展现了内生动力体系的雏形。

综合对思想政治教育内生动力构成的相关研究成果的梳理和分析，可以发现：研究者们对于思想政治教育内生动力构成的观点不一，但在内生动力构成要素上相对集中在矛盾、需要等方面。同时从某一要素视角探讨思想政治教育内生动力的研究较多，切实分析内生动力构成体系的成果相对较少。现有的思想政治内生动力要素研究，为深入探讨思想政治教育内生动力的系统构成奠定了基础、提供了参考。

3. 关于思想政治教育内生动力形成的研究

内生动力的形成问题，是研究者们在回答思想政治教育内生动力构成问题基础上分析研究的另一重要问题。有研究者以时间发生为序审视思想政治教育内生动力的形成过程，系统分析了动力生发、转化、凝聚三个演化阶段。② 有研究者提出德育内生动力机制是指主体因自身德育需要而开展的德育实践中存在的，各动力构成要素之间相互作用的机理与方式。③ 有研究者从责任生成的角度提出其内生动力机制包括价值整合的心理价值、个体内外化机制、个体自

---

① 冯刚. 增强新时代思想政治教育专业人才培养的内在动力 [J]. 学校党建与思想教育，2021（5）：4-8.
② 冯刚，朱宏强. 思想政治教育内生动力的理论审思 [J]. 马克思主义理论学科研究，2022（6）：104-110.
③ 曾昭皓. 德育动力机制研究 [D]. 西安：陕西师范大学，2012：62-65.

我教育与管理机制等。[①] 有研究者从社会主义核心价值观培育视角提出内生动力机制包括价值整合心理机制、体验认知接受机制、个体内化外化机制和自我教育管理机制四方面。[②] 有研究者提出在文化产业发展中思想政治教育功能发挥的内生动力，来自经济利益对文化产业存在和发展需要的满足，而这种满足是在尽可能地契合消费者的需求从而取得经济利益中实现的。[③] 有研究者肯定主要矛盾对于大学生思想政治教育的内在推动作用，详细论述了其主要矛盾的产生过程，就是大学生思想政治教育基本矛盾在我国经济社会发展不同时期辩证运动的过程。[④] 有研究者聚焦获得感提升视角，从保障学生的主体参与、提升对获得的感知、提供实践检验的机会平台等方面，论述了大学生思想政治教育内生动力的激发过程。[⑤] 有研究者从供给侧改革视角提出高校思想政治教育内生动力生成于供给对象现实需求的满足、供给过程内部矛盾的解决、主客体对思想政治教育价值认同的强化中。[⑥] 有研究者从意识形态能力视角提出

[①] 杜坤林. 高校道德教育中的责任担当教育[J]. 高校理论战线，2012(1)：55-58.

[②] 李世清. 大学生社会主义核心价值观培育的内生动力机制研究[J]. 学校党建与思想教育，2016(24)：11-13.

[③] 史君. 文化产业发展中思想政治教育功能发挥研究[D]. 重庆：西南大学，2016：187-193.

[④] 赵岩. 大学生思想政治教育主要矛盾研究[D]. 重庆：西南大学，2018：23-42.

[⑤] 朱宏强. 大学生思想政治教育获得感提升研究[J]. 思想政治教育研究，2021(1)：115-119.

[⑥] 陈虹. 以供给侧改革激活高校思想政治教育内生动力[J]. 福建医科大学学报（社会科学版），2019(2)：15-18.

发展需要、理想信念、价值实现等是思政课教师的内在动力要素，其中发展需要是基础，理想信念是关键，价值实现是目标，三者相互作用、相互影响形成的内生动力促进思政课教师意识形态能力的提升。[①] 研究者们在明确思想政治教育内生动力构成的基础上，对内生动力的形成展开探讨，为揭示内生动力的形成过程进行有益探索。

综合对思想政治教育内生动力形成的相关研究成果的梳理和分析，可以发现：研究者们在不同内生动力构成观点的基础上，围绕思想政治教育内生动力如何形成问题进行了探讨，这部分研究成果较少，且对于形成机制的系统把握较为缺失。基于对现有成果的梳理和不足的把握，本书将立足于当前的研究积累，聚焦研究不足作为深化研究的着力点和突破口，以形成思想政治教育内生动力的系统研究。

（二）国外相关研究述评

梳理国外现有的相关研究，能够在把握研究动态中拓宽思路、启迪思想，深化和完善思想政治教育内生动力研究。目前，国外的相关研究主要集中在教育发展、教育改革等方面动力的研究，其中关于教育内生动力的构成要素和形成发展等的相关研究具有一定借鉴意义。

关于教育动力的相关研究。有研究者分析了经济表现和学术成

---

① 张晓芳. 新时代思政课教师意识形态能力提升［J］. 中学政治教学参考，2020（37）：92-94.

就之间相互促进的关系，指出这种关系一直是近期教育改革的主要支撑力量，强调了经济、社会政治和技术力量对于教育改革的有力推动作用。① 有研究者认为，在高等教育部门，信息和通信技术为改变传统的教学和学习概念提供了动力，也是学术和专业活动变化背后的主要动力，强调了信息和通信技术作为动力因素对高等教育的推动作用。② 科技推动教育发展的观点还有研究者通过案例研究证明，通过探索开发基于Web界面的教育设计框架功能，在高中天文课教学中运用的案例，说明"科学和科学教育不断变化的格局为重新构想如何在学校教授科学提供了动力"这一观点。③ 有研究者分析了COVID-19的大流行导致社会停顿和不确定性的增加，从而推动人们寻求社区发展教学法等新的方法来为社会工作学生开展教学，以适应不断变化的条件，一定程度上促进了社区发展和社会工作教学。④ 研究者们从经济、政治、社会、科技等角度分别探讨了

---

① THARINGER D J, LAMBERT N M, BRICKLIN P M, et al. Education Reform: Challenges for Psychology and Psychologists [J]. *Professional Psychology: Research and Practice*, 1996, 27 (1): 24-33.
② MACHARIA J K N, PELSER T G. Key Factors that Influence the Diffusion and Infusion of Information and Communication Technologies in Kenyan Higher Education [J]. *Studies in Higher Education*, 2014, 39 (4): 695-709.
③ SALIMPOUR S, FITZGERALD M T, TYTLER R, at al. Educational Design Framework for a Web-Based Interface to Visualise Authentic Cosmological "Big Data" in High School [J]. *Journal of Science Education and Technology*, 2021, 30: 732-750.
④ LYNCH D, LATHOURAS A, FORDE C. Community Development and Social Work Teaching and Learning in a Time of Global Interruption [J]. *Community Development Journal*, 2021, 56 (4): 566-586.

教育改革发展中的动力要素，论述了各要素推动教育改革发展的动力体现，对本论文研究具有一定的借鉴价值。

关于教育内生动力的相关研究。在国外研究中，从思想道德视角研究教育动力的文献不多，聚焦内生动力的研究相对较少。现有文献中，从"内生要素"视角探讨教育改革发展的研究值得关注和梳理。有研究者聚焦美国高等教育大众化问题，着力分析其动力和影响，探讨了技术需求、大众需求等内部因素对美国高等教育大众化的推动作用，一定程度上论述了主体需求与教育发展的内在动力关系。[①] 着眼于需求视角，有研究者开展了关于学生行为和教师实践的实证研究，阐明了关注学生的需求和看法对于改善教师管理和教育教学具有重要作用的观点。[②] 还有研究者在关注跨文化学习中学生的福祉问题，分析了高等教育中跨文化学习学生面临的社会孤立、谈判文化差异和边缘化等问题，强调要关注跨文化学习学生的福祉和需求，以开展好高等教育中的跨文化教育。[③] 与此类似，有研究者关注国际背景下的跨专业学习问题，分析了"消除陌生"和"了解自己"作为动力与国际背景下跨专业学习的关系，强调跨专业

[①] DOUGHERTY K J. Mass Higher Education: What is its Impetus? What is its Impact? [J]. *Teachers College Record*, 1997, 99 (1): 66-71.

[②] COTHRAN D J, KULINA P H, DEBORAH A G. "This is Kind of Giving A Secret Away...": Students' Perspectives on Effective Class Management [J]. *Teaching and Teacher Education*, 2003, 19 (4): 435-444.

[③] DADDOW A, CRONSHAW D, DADDOW N, et al. Hopeful Cross-Cultural Encounters to Support Student Well-Being and Graduate Attributes in Higher Education [J]. *Journal of Studies in International Education*, 2020, 24 (4): 474-490.

教育要关注学生的"消除陌生"和"了解自己"的需要。① 除了学生的需求，有研究者还关注教育主体的愿望，以教育主体的理念愿望和学生自我完善的需求为动力要素，解释中国高等教育发生的巨大变革。② 有研究者专门开展了案例研究，探讨了教师对专业发展方案的期待与教师在实践中应用方案程度的关系，指出满足教师对专业发展方案的期待，能够激发教师应用方案的动力，从而更好地开展教育。③ 除了需求，有研究者还关注目标作为一种心理动力，是保持个人持久性的源泉，指出在设计课程、开展教育时要考虑学生的目标，教育才能取得实效、实现发展进步。④ 有研究者还关注教育过程中评估环节的重要作用，指出评估具有多种功能，其与课程目标保持一致，将有效提升教育效果、推动教育发展。⑤ 研究者

---

① JIN S, BONTJE P, SUYAMA N, et al. Interprofessional Learning in an International Context: The Unfamiliar as Impetus for Learning, Also About Oneself [J]. *Journal of Interprofessional Care*, 2020, 34 (2): 279-282.
② HIZI G. Marketised "Educational Desire" and the Impetus for Self-Improvement: The Shifting and Reproduced Meanings of Higher Education in Contemporary China [J]. *Asian Studies Review*, 2019, 43 (3): 493-511.
③ GERDA K C, JANSE V R O, MARIKE W D W. Meeting Teacher Expectations in a DL Professional Development Programme – A Case Study for Sustained Applied Competence as Programme Outcome [J]. *International Review of Research in Open and Distributed Learning*, 2016, 17 (4): 50-65.
④ PARK S, CHO S, LEE J-Y. The Effects of Social Concern Goals on the Value of Learning and on the Intentions of Medical Students to Change Their Majors [J]. *Medical Education Online*, 2017, 22 (1).
⑤ BORGHOUTS L B, SLINGERLAND M, HAERENS L. Assessment Quality and Practices in Secondary PE in the Netherlands [J]. *Physical Education and Sport Pedagogy*, 2017, 22 (5): 473-489.

们从主体需求、目标和教育评价环节等角度探讨了教育发展的内在动力要素，并对这些动力要素的形成和作用方式进行探讨。

综合对国外现有相关研究成果的梳理和分析，可以发现：研究者们从不同角度特别是从内在要素的角度，探讨了其与教育的相互关联，对本书认识和把握思想政治教育的内生动力要素、分析和厘清内生动力要素在思想政治教育中的形成机制和作用方式、探索和完善思想政治教育内生动力的激发提升路径，具有借鉴意义。

三、审思思想政治教育内生动力的思路方法

本书聚焦思想政治教育内生动力这一关键命题，综合运用文献分析法、跨学科研究法、系统分析法等方法，从理论视角深入探讨思想政治教育内生动力的概念内涵、构成要素、形成机制、提升路径等内容，构建起思想政治教育内生动力的系统研究体系。

（一）思想政治教育内生动力的研究思路

本书立足于思想政治教育理论和实践发展，以马克思主义矛盾理论和需要理论为基础，以回答什么是思想政治教育内生动力、思想政治教育内生动力包括哪些、思想政治教育内生动力如何形成等问题为主线，以激发提升内生动力从而推动思想政治教育发展为目标，运用系统分析法等方法，通过科学把握思想政治教育内生动力的基本内涵，重点分析思想政治教育内生动力的系统构成和形成机制，落脚探讨思想政治教育内生动力的提升路径，以形成系统的思想政治教育内生动力理论研究。

探索形成对思想政治教育内生动力的学理性阐释。思想政治教育内生动力既是一个理论问题，也是一个实践问题。本书重在对思想政治教育内生动力的学理阐释、从科学把握思想政治教育内生动力的基本内涵着手，在梳理借鉴马克思主义经典作家、中国共产党领导人及其他学科相关思想理论的基础上，以系统思维探索建构思想政治教育内生动力的构成体系，以时间维度厘清思想政治教育内生动力的形成过程及内在机制，最后据此提出激发提升思想政治教育内生动力的路径方法。沿着这一研究思路，形成对思想政治教育内生动力较为系统的学理性阐释。

本书探讨思想政治教育内生动力问题，具体研究分为六部分内容。第一部分为绪论。该部分通过对现有研究成果进行梳理，明确研究起点与基础，并在已有研究基础上确定此课题的研究缘起、研究思路和研究方法。第二部分为思想政治教育内生动力的学理阐释。该部分从明确思想政治教育内外动力的划分依据着手，探讨思想政治教育内生动力的基本内涵，进而把握思想政治教育内生动力的价值意义，从这几方面阐明思想政治教育内生动力的相关基本问题。第三部分为思想政治教育内生动力的理论渊源。该部分梳理总结了思想政治教育内生动力的相关思想理论，包括矛盾学说、需要理论、社会发展理论等马克思主义经典作家的相关思想理论，中国共产党领导人的相关思想理论，以及社会学视域下社会发展动力理论、教育学视域下教育发展动力理论、心理学视域下动力心理理论等相关学科的理论借鉴。第四部分为思想政治教育内生动力的系统构成。

该部分以系统思维探索思想政治教育内生动力的构成体系，内部矛盾是思想政治教育内生动力的根源核心，思想政治教育者主体性发挥的精神创造力、思想政治教育对象需求期待的目标导向力、思想政治教育质量评价环节的循环推动力构成了思想政治教育内生动力的具体表征，最后通过探讨内生动力的结构逻辑、内外动力的转化关系、内生动力在整体动力中的结构定位，厘清思想政治教育内生动力的结构及其关系。第五部分为思想政治教育内生动力的形成机制。该部分以时间维度探讨思想政治教育内生动力的形成过程及其机制，包括思想政治教育矛盾关系生发、主客体需求生发、评价要求生发的内生动力生发机制，内部矛盾关系向发展动力转化、主客体内在需求向行为动机转化、质量评价要求向改革动力转化的内生动力转化机制，以及个体动力向集体动力凝聚、单一动力向整体动力凝聚、多向动力向共向动力凝聚的内生动力凝聚机制。第六部分为思想政治教育内生动力的激发提升。该部分在上述研究的基础上有针对性地提出激发提升思想政治教育内生动力的路径方法，包括激发思想政治教育主客体的主动创造性，发挥思想政治教育矛盾的可持续推动作用，推动思想政治教育评价环节常态化制度化，强化其内生动力的凝聚融合。本书的研究内容结构如图1所示。

总的来说，本书立足思想政治教育理论和实践的创新发展，以"动力"为研究对象，以"内生"为研究视角，尝试对思想政治教育动力问题进行研究，在明确内外动力划分标准、深刻把握内生动力基本内涵和价值意义、系统梳理内生动力相关思想理论的基础上，

```
                    ┌─────── 绪论
         基础理论 ───┼─────── 第一章  思想政治教育内生动力的学理阐释
                    └─────── 第二章  思想政治教育内生动力的理论渊源

                    ┌─── 横向分析 ──→ 第三章  思想政治教育内生动力的系统构成
         多维分析 ───┤                        ↕ 相辅相成
                    └─── 纵向分析 ──→ 第四章  思想政治教育内生动力的形成机制

                    ┌─────── 第五章  思想政治教育内生动力的激发提升
         现实回应 ───┤
                    └─────── 结语
```

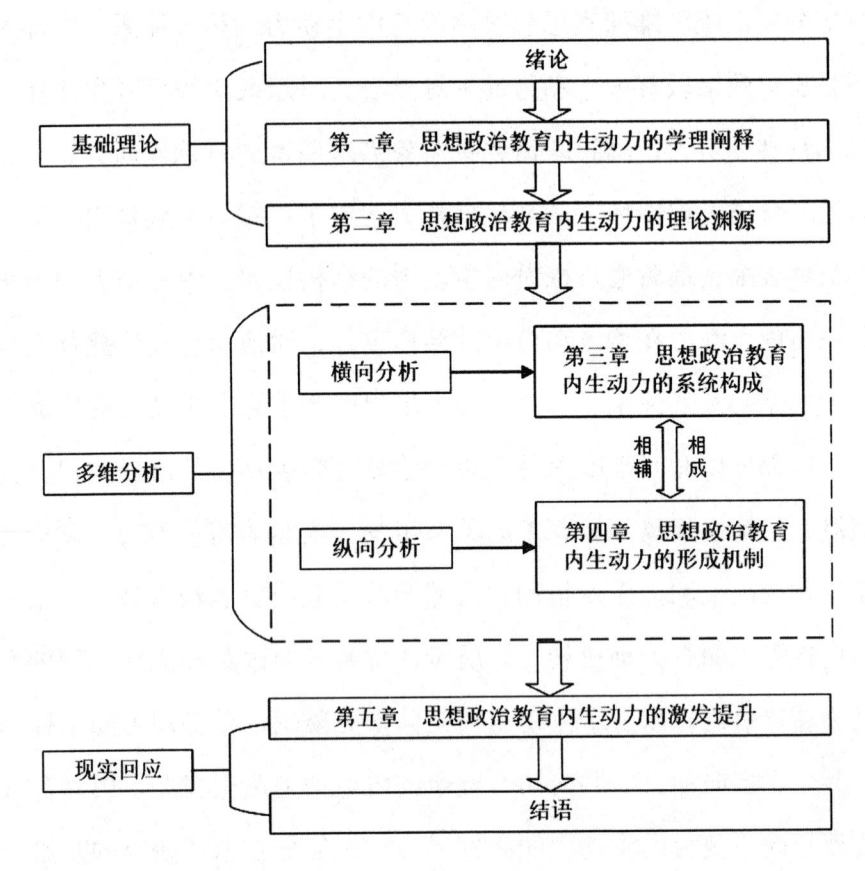

图1 《思想政治教育内生动力理论研究》结构图

通过系统有效把握思想政治教育内部各要素的相互作用关系，探讨其内生动力的结构体系、形成机制和提升路径等问题，以形成对思想政治教育内生动力的学理性阐释。

（二）思想政治教育内生动力的研究方法

本书在坚持以马克思主义理论和方法为指导的基础上，主要采取以下三种方法对思想政治教育内生动力开展研究。

1. 文献分析法

思想政治教育内生动力是重要的研究课题，本书主要从理论视角开展研究，全面系统地收集、梳理、归纳和分析现有相关文献，为深化其内生动力研究进行必要的前期准备。本书在总结吸收思想政治教育内生动力研究现有相关著作和论文的基础上，系统梳理了马克思主义经典作家关于内生动力和思想政治教育的相关思想和论述，中国共产党领导人关于内生动力的相关论述，特别是党的十八大以来习近平总书记关于内生动力的专门论述，以及社会学、教育学、心理学等学科有关内生动力的理论和观点等，同时学习借鉴了马克思主义的思想、观点与方法，党和国家关于思想政治教育的政策文件，现代思想政治教育学特别是学科原理的思想和理论等。文献研究的关键在于通过运用归纳总结、系统分析、抽象概括等方法，在把握思想政治教育内生动力研究现状的基础上，吸收成果、找出不足，以科学理论拓宽思路、找准方向、破解难题，不断深化对思想政治教育内生动力的认识。

2. 跨学科研究法

思想政治教育内生动力是一个涉及多学科领域的研究课题，本书主要聚焦思想政治教育场域中的内生动力，要厘清这一问题，运用跨学科研究方法具有现实必要性。动力最初是一个物理学概念，后衍生为"事物运动和发展的推动力量"的含义被引入哲学社会科学领域。内生动力是事物发展到一定阶段人们越发关注的重要问题，涉及社会学、教育学、心理学等多个学科，且已形成内生动力的相关研究。本书聚焦思想政治教育场域中的内生动力，研究中坚持以马克思主义为指导，在此基础上借鉴社会学、教育学、心理学等学科的理论和方法，坚持将思想政治教育学科特色与多学科专长优势相结合，将多学科的理论观念切实融入思想政治教育内生动力研究之中，形成对其内生动力的系统性、科学性认识，完善内生动力理论体系。

3. 系统分析法

思想政治教育内生动力研究是一项系统工程，本书既着力以系统思维探讨内生动力在思想政治教育领域中的要素构成体系，也力图以系统框架开展思想政治教育内生动力研究，系统分析法是其中运用的重要方法。思想政治教育内生动力是一个多元动力系统，厘清其中的基本要素及相互关系是本书的重点，着力以系统思维和联系观点全面梳理相关要素，有序建构思想政治教育内生动力要素构成体系。同时在框架设计上，本书坚持运用系统科学的方法，在认识思想政治教育动力整体系统的基础上，把握内外动力划分依据，聚焦内生动力研究。基于对思想政治教育系统内部各要素相互作用关系的把握，探索建构其内生动力的构成体系，按时间维度系统梳理思想政治教育内生动力的形成机制，据此提出内生动力提升的系统路径，以形成对于思想政治教育内生动力较为系统全面的思考和见解。

（三）思想政治教育内生动力的研究创新点

基于现有研究成果，本书着力在研究视角和研究内容上实现创新。第一，研究视角较为新颖。本书在马克思主义矛盾理论和需要理论指导下，基于对思想政治教育动力的内外划分和关系把握，以"内生"为研究视角，通过对思想政治教育内部各要素相互作用的系统梳理，深入探讨其中蕴含的内生动力问题，旨在厘清内生动力生发转化凝聚的基本过程，探索思想政治教育的根本动力。第二，研究内容较有学理性。本书聚焦"内生"维度，重新审视思想政治教育动力问题，在明确内外动力划分标准、深刻把握内生动力基本内涵和价值意义、系统梳理内生动力相关思想理论的基础上，探讨思想政治教育内生动力的构成体系、形成机制和提升路径等问题，以形成对思想政治教育内生动力的学理性阐释。

第一章

思想政治教育内生动力的学理阐释

　　动力是贯穿思想政治教育发展始终的关键问题,对动力的探求是推动其持续改革创新的重要前提。在百年党史的丰厚底蕴中,特别是在近 40 年的学科发展中,思想政治教育理论和实践取得了长足进步。站在新的发展起点上,面向教育内涵式发展趋势和质量提升要求,思想政治教育要向内寻求改革创新的推动力量。内生动力是破解发展问题的关键所在,习近平总书记高度重视内生动力的重要性,多次就经济建设发展、全面深化改革、打赢脱贫攻坚战等问题强调要激发内生动力,充分肯定了内生动力在推动发展中的重要作用。基于明确思想政治教育领域中内外动力的划分依据,深刻把握思想政治教育内生动力的基本内涵和价值意蕴,为思想政治教育内生动力的系统构成分析、形成机制把握及提升路径探索奠定了理论基础。

第一节　思想政治教育内外动力的划分依据

动力作为一个多元系统，从动力来源上看，主要可以分为内生动力和外生动力两方面。而要深入研究思想政治教育的内生动力，准确把握内外动力在思想政治教育领域中的划分依据是基本前提。本节着眼于动力因素、动力方向和动力关系三个维度，探究思想政治教育内外动力的区别联系，在比较中把握思想政治教育内生动力的突出特点。

一、动力因素由思想政治教育内部要素主导

动力因素作为构成动力本质的关键成分，是推动作用力生成的主要来源，对动力的性质起决定作用。而在思想政治教育领域中，动力因素是复杂多元的，相互交织、相互影响。思想政治教育动力因素的复杂性，决定了主导动力因素决定动力性质的特点。思想政治教育内生动力就是动力因素由思想政治教育内部要素主导的动力。

（一）主导动力因素决定动力的性质

思想政治教育内外动力的性质由动力结构中主导的动力因素决定。在此之前需要解释和明确的是，在思想政治教育领域中，动力因素是复杂多元的。从结构上看，"思想政治教育是一个体系庞大、

结构复杂的大系统"①，这个系统由多个要素组成，彼此之间相互交织、相互作用，构成协同联动的有机统一体。具体而言，"思想政治教育系统的框架结构是教育主体、教育客体、教育介体、教育环体四大部分构成的有机整体……思想政治教育系统的运行结构是由其内部框架结构要素之间相互依存、相互支持、相互制约形成的"有机统一体②。与此同时，思想政治教育本质上作为一项社会性的教育实践活动，除了要注意内部要素之间的相互协同，还要注意外部相关要素的影响，关注其与其他系统的协同作用。探寻思想政治教育复杂系统，推动作用力融会于各要素紧密交织、密切互动的关联之中，其动力因素的属性得以确证，并呈现多元性的突出特点。这些多元动力因素既有矛盾对立，又有相互统一，交织在思想政治教育各个领域并发挥推动作用。马克思主义在肯定矛盾复杂性的基础上科学认识其主次关系，强调"在复杂的事物的发展过程中，有许多的矛盾存在，其中必有一种是主要的矛盾，由于它的存在和发展规定或影响着其他矛盾的存在和发展"③，并在此基础上深刻揭示了事物性质与其矛盾主要方面的关系，指出"其主要的方面，即所谓矛盾起主导作用的方面。事物的性质，主要地是取得支配地位的矛盾的主要方面所规定的"④。以此为指导审视动力因素，在相互交

---

① 冯刚，彭庆红，佘双好，等．新时代高校思想政治教育学原理[M]．北京：人民出版社，2021：25．
② 冯刚，彭庆红，佘双好，等．新时代高校思想政治教育学原理[M]．北京：人民出版社，2021：26．
③ 毛泽东．毛泽东选集：第1卷[M]．北京：人民出版社，1991：320．
④ 毛泽东．毛泽东选集：第1卷[M]．北京：人民出版社，1991：322．

织、协同作用的思想政治教育动力因素中,处于支配地位、起到规定其他动力因素作用的主导动力因素,决定着这一思想政治教育动力的性质。

(二) 内外部因素主导下的动力区分

一般而言,事物发展的动力源自内部要素之间或者事物本身与外部因素之间的相互作用。依据动力来源进行分类,事物发展动力可以分为内生动力和外生动力,由事物内部要素之间相互作用主导的为内生动力,由事物本身与外部因素之间相互作用主导的为外生动力。在主导动力因素视角下,基于动力因素的来源,内外动力的区别具体体现在主导因素的生成过程和作用方式上。从生成过程来看,外生动力的主导因素本质上是相对动力接受事物而言处于外部位置的他物,当其在发展过程中具备推动这一事物发展相应的条件和功能,内含的价值属性就实现其外部动力因素的定位转变。而内生动力的主导因素通常作为事物的构成要素处于内部位置,当其在发展过程中通过自身的改变或与其他要素相互作用获得推动事物发展的力量,这一要素则因价值蕴涵实现内部动力因素的定位转变。着眼于生成过程,内外部动力因素的不同角色定位得以确证,探究作用方式,内外部动力因素的主导效果在作用发挥中得以显现。从作用方式来看,外生动力表现为外部动力因素作为起始推动力量,在与事物部分要素或事物整体相互作用的过程中,推动事物的发展进步,主导性就体现在外部动力因素对事物变化的起始作用上。与之相比,内生动力则是作为起始推动力量的内部动力因素,经由矛盾、协同等多样关系促进各要素之间的有效互动，从而推动事物的演进发展，主导性贯穿于内部动力因素促进要素互动的过程中。因此，从主导动力因素审视内外动力，有其各自的特点和侧重，而在思想政治教育领域中又有特殊的表现形式。

（三）内外部因素的交织性及其主导

在思想政治教育领域中，内外部因素的交织性更加凸显，这是由其复杂的系统性决定的。"思想政治教育更是一个系统工程，涉及诸多要素、主体、资源等方方面面。"① 在运行过程中，思想政治教育的内外部各项因素紧密交织、协调互动，形成相辅相成的有机统一体，在互动中施加影响、产生变化、生成教育效果。内外部因素相互交织的现实状况，提出了厘清和协调各项因素之间的互动关联，进而在找准主导动力因素的基础上明确动力属性的现实要求。通过对动力属性的揭示，研究者能够在深化关于思想政治教育领域中内外动力系统认识的基础上，把握通过激发并运用内外动力推动思想政治教育理论与实践创新发展的有效经验和科学规律。为此，必须在找准交织互动因素中的主导因素上下功夫，着力把握复杂互动关系中的主导性。而思想政治教育的内外部主导动力因素有其各自鲜明的主导特征，是区分和判定内外动力的重要依据。具体来看，于思想政治教育而言，以科技、政策等为代表的外部条件，因其具备的推动教育要素、环节等变化发展的内在价值成为动力因素，并以

---

① 冯刚，彭庆红，佘双好，等．新时代高校思想政治教育学原理［M］．北京：人民出版社，2021：238.

起始作用力的不可或缺呈现突出的主导性,以此为核心的力成为思想政治教育外生动力。而教育构成要素在接受外部条件影响的同时参与教育过程,其间因相互作用产生的对立统一等互动关系具备催生新一轮要素互动的功能价值而成为动力因素,并以贯穿始终、循环可持续呈现突出的主导性,以此为核心的力成为思想政治教育内生动力。由此可见,明确主导动力因素是在思想政治教育各因素交织现状下区分内外动力的重要依据。

二、动力方向呈现思想政治教育内部的循环

动力作为一个矢量具有方向性,这一本质特征成为动力区分的重要依据。事物发展的内外动力在作用方向上呈现不同特点,认识和把握这些特点是区分动力的关键。在思想政治教育领域中,动力方向具有特殊性,内生动力的作用方向呈现思想政治教育内部的有序循环。

(一) 方向性是动力的本质特征

动力原是一个物理学概念,指代"使机械做功的各种作用力"[1],后引入哲学社会科学领域并赋予其新的内涵,用来"比喻推动工作、事业等前进和发展的力量"[2]。结合这两个概念,我们能够更为全面、深入地理解动力的内涵。与前者相比,哲学社会科学领

---

[1] 中国社会科学院语言研究所词典编辑室. 现代汉语词典:第7版[M]. 北京:商务印书馆,2016:313.

[2] 中国社会科学院语言研究所词典编辑室. 现代汉语词典:第7版[M]. 北京:商务印书馆,2016:313.

域的动力突出强调向前、向好演变的方向趋势,但这不是本研究想要强调的动力方向性。从本质上看,"'力'是物理学的一个概念,它是指物体对物体的作用。既然是物体对物体的作用,那就必然有施力物体与受力物体及其关系"①。因此,物理学意义上动力是一个矢量,既有力的作用大小,也有力的作用方向,延伸到哲学社会科学领域,推动事物发展的动力也有其生成来源和运动方向,这种方向就呈现为由施力事物向受力事物的作用方向。动力作为施力事物对受力事物的作用,其方向性是客观的、必然的,伴随着动力的生成、存在而必然存在,不以人的意志为转移。这一性质为我们开展动力区分提供了条件。对同一受力事物而言,施力事物不同即动力的来源不同,那么动力呈现的方向也不同。那么从结果来看,我们通过把握动力的作用方向,能够认清动力的来源进而把握动力的性质。因此,方向性这一动力的本质特征,成为我们识别和区分不同动力的重要标识。

(二)方向呈现下的内外动力区分

动力作为一种不可视、抽象化的作用力,需要通过认清作用方向从而更为直观、准确地加以把握。动力本质上是一种矢量,而衡量一种矢量关键在于把握两大要素——大小和方向。在哲学社会科学领域,我们对动力的作用大小往往难以准确衡量,作用方向以其客观性、必然性成为把握动力的关键要素。从本质上看,内外动力

---

① 侯长林.高校校园文化基本理论研究[M].北京:人民出版社,2014:100.

都是推动事物发展的正向作用力，在功能属性上有很大的相似性。把握内外动力的划分依据，动力的作用方向是其中的一个重要维度。动力作为物体对物体的作用，其作用方向就表现为施力事物向受力事物的运动，着眼方向视角审视内外动力呈现出不同特征。从动力来源来看，外生动力中施力事物位于受力事物外部，那么对受力事物而言，由外部的施力事物作用于自身，这种由外向内的运动就是外生动力的作用方向。而内生动力中施力事物作为构成要素位于受力事物内部，那么由内部的施力事物作用于受力事物自身，这种由内生发的运动则是内生动力的作用方向。从动力循环来看，外生动力中受力事物接受位于外部的施力事物施加的作用力，在自我发展的同时反作用于施力事物，从而实现施力事物的变革进步并催生新的作用力，外生动力就在内外的双向互动中实现循环。而内生动力中受力事物接受位于内部的施力要素施加的作用力，在整体发展中必然带动施力要素的变革进步，而施力要素在发展中又将产生新的作用力推动事物前进，这就形成了施力要素与受力事物之间的内生动力循环。由此可见，从方向视角审视内外动力呈现出的不同特征，而在思想政治教育领域中动力方向又具有特殊性。

（三）思想政治教育动力方向特殊性

在上述提及的在单一的、独立的事物互动之中，动力方向是明确的、有序的。而在思想政治教育领域中，因其"涉及诸多要素和多元主体的关系的协调和整合"①，无论是施力事物还是受力事物都是复杂多样的，这就导致在微观层面上动力方向呈现交织错杂的状态。而思想政治教育本质上是一个普遍联系的有机整体，单独的一个部分不具有作为整体的思想政治教育的功能，同时离开了这个整体，部分也就没有存在的意义。而且，随着认识的不断深入，"思想政治教育不仅能够作为一个整体来观察，其内部的要素及其互动关系作为一个可观察、可评价、可建构的系统的特征逐渐明显"②。为此，必须从整体上把握要素之间的相互联系、相互支撑、相互作用，才能理解思想政治教育的系统运行结构和功能发挥过程。在这个意义上，对思想政治教育动力方向更应从宏观上、整体上进行把握。从外生动力来看，在互动双方中我们将思想政治教育及其内部要素看成一个整体，存在于这一受力事物之外并具备推动发展的条件和功能的相关要素视为施力事物，其中从整体上看动力发端于施力事物，施力于思想政治教育，并反作用于施力事物本身实现新的发展，积蓄新的动力，因此思想政治教育外生动力的作用方向呈现为内外的双向互动循环。从内生动力来看，在互动双方中我们将思想政治教育内部要素及整体视为受力事物，在发展过程中通过自身的改变或与其他要素相互作用获得推动发展力量的内部要素视为施力事物，其中动力发端于内部要素，直接或间接施力于思想政治教育整体，

---

① 冯刚，彭庆红，佘双好，等. 新时代高校思想政治教育学原理［M］. 北京：人民出版社，2021：236.
② 冯刚，彭庆红，佘双好，等. 新时代高校思想政治教育学原理［M］. 北京：人民出版社，2021：332.

在整体发展中带动内部要素的发展进步，积聚新一轮的推动力量，因此内生动力的作用方向呈现为思想政治教育螺旋上升式的内部循环。总的来说，明确作用方向是在把握思想政治教育动力本质特征的基础上区分内外动力的重要依据。

三、动力关系源于内部要素之间的相互作用

动力本质上作为一种互动关系，源于事物之间的相互作用。基于共同本质属性的内外动力，在相互作用呈现上仍具有自身的特殊性，为认识和区分内外动力提供了条件。考察思想政治教育领域中的内生动力，其动力关系源于内部要素之间的相互作用。

（一）相互作用是动力的本质属性

在哲学意义上，动力的本质是一种互动关系，这种关系源于事物之间的相互作用。在此我们首先要厘清相互作用的哲学蕴涵，相互作用是我们在通过思维观察和描述事物之间客观存在的互动关系时提出的概念。马克思主义深刻揭示了相互作用的普遍性和本质性，指出"当我们通过思维来考察自然界或人类历史或我们自己的精神活动的时候，首先呈现在我们眼前的，是一幅由种种联系和相互作用无穷无尽地交织起来的画面"[1]，明确了相互作用是事物之间的本质联系，事物之间贯穿着相互作用，这指导我们认识动力时需要洞见其背后的相互作用。不仅如此，相互作用还是我们认识和把握事

---

[1] 中共中央马克思恩格斯列宁斯大林著作编译局.马克思恩格斯选集：第3卷[M].北京：人民出版社，2012：790.

物变化发展的重要视角,正如马克思主义强调的,"相互作用是我们从现今自然科学的观点出发在整体上考察运动着的物质时首先遇到的东西"①。牢牢把握相互作用,我们就能从联系的视角出发,整体地、客观地、全面地理解事物变化发展的机理和规律。在此基础上,我们审视历史进程就"表现为社会生活各种因素间的相互作用,历史发展是各种因素的合力作用的结果"②。由此,我们梳理了从自然界到人类社会,事物发展和相互作用之间的关系,得出事物在相互作用中实现变化发展的规律性认识。而从动力视角来看,事物发展是动力推动的结果,在两个视角的结合中,我们可以厘清动力和相互作用的内在关联,实际上相互作用是动力的本质属性。

(二)相互作用呈现的内外动力区分

虽然动力的一般本质属性都是相互作用,但相互作用的表现形式并不完全一致。马克思主义在分析物体之间相互作用的表现形式时指出,"如果两个物体相互作用,致使其中的一个或两个发生位置变动,那么这种位置变动就只能是互相接近或互相分离。这两个物体不互相吸引,就互相排斥"③,这就从方向上呈现出两种相互作用的表现形式。而在具体情境中,各种动力相互作用的表现形式各不相同,这就为以相互作用为本质的动力关系作为内外动力划分依据

---

① 中共中央马克思恩格斯列宁斯大林著作编译局. 马克思恩格斯选集:第3卷[M]. 北京:人民出版社,2012:920.
② 中共中央马克思恩格斯列宁斯大林著作编译局. 马克思恩格斯选集:第4卷[M]. 北京:人民出版社,2012:6.
③ 中共中央马克思恩格斯列宁斯大林著作编译局. 马克思恩格斯选集:第3卷[M]. 北京:人民出版社,2012:953.

提供了条件。内外动力在相互作用的表现形式上呈现出不同特点。从相互作用的双方对象上看，外生动力的动力关系表现为外部条件因素和事物整体或内部要素之间的相互作用，而内生动力的动力关系则表现为事物内部要素与其他相关要素或整体的相互作用。一般而言，相互作用作为"事物之间或事物内部因素之间联系的一种表现形式。包括互相联结、互相斗争、互相促进、互相制约等关系"[①]。从相互作用的关系表征上看，外生动力因其动力因素多具备推动发展的条件和功能，其动力关系多表现为互相联结和互相促进的正相关关系。而内生动力中，事物内部要素之间既有在对立中提出发展新要求，又有在统一中生成发展新力量，其动力关系表现为互相联结、互相促进和互相斗争、互相制约等交织的复杂关系。因此，事物发展的内外动力有各自相互作用的关系特点，这在思想政治教育领域中表现得更为明显。

（三）相互作用的复杂性及其动力表现

在一定程度上，相互作用构成了事物的运行和发展过程，而事物的运行状况直接决定了相互作用的复杂程度。"思想政治教育的发展，是在平衡与不平衡的矛盾中进行的……它强调思想政治教育各要素之间，以及思想政治教育系统与社会各系统之间的相互制约与相互作用。"[②] 由此可见，在思想政治教育领域中，无论是相互作用

[①] 刘建明. 宣传舆论学大辞典 [M]. 北京：经济日报出版社，1992：548-549.

[②] 张耀灿，郑永廷，吴潜涛，等. 现代思想政治教育学 [M]. 北京：人民出版社，2006：68.

的互动对象，还是相互作用的关系表征，都具有突出的复杂性特征。在此影响下，以相互作用为本质属性的思想政治教育动力也表现得更加复杂多元，在内外动力上也彰显了相互作用的特殊性。聚焦外生动力的相互作用，其互动双方集中表现为多元的外部条件因素与思想政治教育整体或内部要素之间的相互作用，需要注意的是这"几方面因素都不是孤立存在的，而是相互联系、相互制约……它们是联系在一起发挥作用的"①。具备推动发展条件和功能的外部动力因素联结起来，在与思想政治教育相互作用中推动其发展，呈现出互相促进的动力关系。着眼于内生动力的相互作用，其互动双方集中表现为思想政治教育内部要素与其他相关要素或整体的相互作用，其中既有在互相斗争中激发发展活力，也有在互相统一中凝聚协同合力，既有在互相制约中提出变革动力，也有在互相促进中生发推动力量。思想政治教育内部的这些相互作用生成的多元力量凝聚起来，呈现出矛盾、联结、协同等复杂动力关系。总的来说，探究动力关系是在把握相互作用这一动力本质属性基础上区分思想政治教育内外动力的重要依据。

---

① 张耀灿，郑永廷，吴潜涛，等. 现代思想政治教育学［M］. 北京：人民出版社，2006：333.

第二节 思想政治教育内生动力的基本内涵

顾名思义,内生动力是指事物内部生成的动力,这是与其他动力相区别的本质规定性。在此基础上,结合动力的一般属性和思想政治教育的特殊性,我们可以把握思想政治教育内生动力的基本内涵。思想政治教育内生动力是思想政治教育内部各要素之间相互作用而生发转化凝聚的,促进其自身内涵式发展的内在推动力量。

一、生成于思想政治教育内部各要素的相互作用

对内生动力的理解,首先聚焦在"内"和"生"上,"内"阐明了动力的来源和方向,"生"解释了动力生成的原因。以"内"和"生"为着力点和突破口,深入探究动力在思想政治教育领域中的具体表现,能够准确把握内生动力的生成来源。

一方面,"内"强调了动力来源于思想政治教育内部,动力的作用方向呈现螺旋式上升的内部循环,对动力的探寻要向内求索。上文提到,对于动力方向性划分的依据,主要取决于动力因素由谁主导。动力因素作为催生动力并赋予其推动作用力的构成要素,往往是复杂的、多维的,在思想政治教育这一要素多元、运行有序的系统工程中,这种复杂性表现得尤为明显。而"事物的性质,主要地

是由取得支配地位的矛盾的主要方面所规定的"①，由此考察动力的性质，动力中的主导因素决定动力性质的同时也赋予其方向属性，那么内生动力就表现为内部因素主导。需要注意的是，内生动力强调内部因素的主导，同时并不否定外部因素的参与，其突出的是内部因素的主导地位和起始作用。在事物发展过程中，由内部因素主导并作为起始推动力量，外部因素参与作用而催生的动力本质上是内生动力。那么思想政治教育内生动力强调思想政治教育内部要素对动力构成的主导，吸收协同外部要素生发形成，在教育活动开展过程中由内产生推动促进效果的作用力量。此外，审视内生动力的作用方向，因其施力要素和受力要素均位于事物内部，并鉴于力的相互性这一特性，内生动力在作用方向上呈现螺旋式上升的内部循环。具体而言，由内部产生的动力，聚焦思想政治教育矛盾的缓解、问题的解决，着眼思想政治教育的发展与进步，在这一过程中内部动力因素得以演进与革新，又催生和释放新的动力。因此思想政治教育内生动力呈现螺旋上升的内部循环，对内生动力的探索要聚焦思想政治教育本身。

另一方面，"生"强调了动力的生成，是思想政治教育内部各要素之间相互作用的结果，对动力的把握要从联系的观点着手。"内"将动力因素锁定在思想政治教育内部，而动力的生成本质上源于各要素的相互作用。恩格斯强调："相互作用是我们从现今自然科学的

---

① 毛泽东. 毛泽东选集：第1卷 [M]. 北京：人民出版社，1991：322.

观点出发在整体上考察运动着的物质时首先遇到的东西。"① 这既阐明了相互作用是事物发展的根源，也肯定了动力的相互作用本质。内生动力生发于要素之间互相联结、互相斗争、互相促进、互相制约的关联互动中，是在事物内部各要素相互作用过程中积蓄的力量。由此，结合学科的特殊性，思想政治教育内生动力则生成于思想政治教育内部各要素的相互作用，而这种相互作用有多种表现形式，比如，矛盾、融合、斗争等。在这些相互作用过程中产生的变革创新、提出的发展要求、凝聚的主体力量等，都融会成促进思想政治教育创新发展的内生动力。同时，从相互作用的视角把握内生动力时还要看到，内生动力也借助相互作用达到推动事物发展的效果。相互作用是事物运行的主要方式，构成其变革演进的基本过程，内生动力由事物内部要素相互作用生成后，也要依托和融入相互作用，才能将动力促进效果落实到要素发展中，贯穿于事物整体推进中。思想政治教育内部各要素的相互作用，产生亟待解决的矛盾和问题，提出亟须满足的诉求和期待，促使思想政治教育发展完善、改革创新，内生动力就在这一过程中生成并发挥作用。

聚焦思想政治教育领域，牢牢把握"内"和"生"两条主线，厘清内生动力的生成来源。思想政治教育内生动力生成于内部各要素之间的相互作用过程中，更贯穿于相互作用的始终。"思想政治教育的运行，是一个思想政治教育系统的诸多要素相互联系、相互作

---

① 中共中央马克思恩格斯列宁斯大林著作编译局. 马克思恩格斯选集：第3卷［M］. 北京：人民出版社，2012：920.

用的过程"①，这些要素主要包括思想政治教育主体、客体、介体和环体。当这些要素实际存在并且其思想政治教育属性得以确证，即能够有效互动运行、切实发挥功能时，内生动力也在相互作用过程中相应而生。因此，内生动力于思想政治教育运行开始时便存在，并伴随着可持续的互动运行贯穿相互作用始终。"在思想政治教育过程中，教育者、受教育者、教育介体紧密相连，互相制约、互相依赖，整个教育过程就是这几个要素相互作用的过程，也是不断解决这几个要素之间矛盾的无限循环过程。"② 正是在这一动态过程中，思想政治教育内部要素相互作用持续运行不断催生内生动力，内生动力作用发挥又不断推进相互作用，在这种互生互促的相生关系中，内生动力生成并贯穿于内部各要素相互作用的始终。切实从思想政治教育内部要素永无止境的相互作用出发，我们就能够充分理解和准确把握内生动力的生成缘起、运行方式和可持续性。总的来说，内生动力来源于思想政治教育内部，是内部各要素相互作用的产物，呈现内部的动力循环。

二、经过生发转化凝聚形成的思想政治教育合力

内生动力作为事物发展的重要因素，其形成过程和结构组成与事物本身息息相关。就思想政治教育而言，其内部要素的多样性决

---

① 张耀灿，郑永廷，吴潜涛，等. 现代思想政治教育学［M］. 北京：人民出版社，2006：411.
② 陈万柏，张耀灿. 思想政治教育学原理：第3版［M］. 北京：高等教育出版社，2015：138.

定了内生动力的复合性，从各要素之间的相互作用到形成具有推动作用的动力需要经过一系列演化过程，并在共同目标的引领下凝聚成多样协同的思想政治教育合力。

　　动力关系的生发是思想政治教育内生动力形成的基础环节。动力的形成不是一蹴而就的，而要厘清其形成过程就必须抓住相互作用这一关键。马克思主义将相互作用视为我们认识和理解事物的重要视角，指出"每个事物都作用于别的事物，反之亦然，而且在大多数场合下，正是忘记这种多方面的运动和相互作用，才妨碍我们的自然科学家看清最简单的事物"①。牢牢立足于相互作用视角，我们就能找到厘清动力形成过程的"金钥匙"。事物内部要素之间或者事物之间经过相互作用，彼此建立起新的联系。这种联系蕴含着很多可能性，既将会直接带来新的事物，也可能催生事物发展的动力。从内生视角来看，事物内部要素之间的相互作用效果集于一身，相对而言带来更多的新生事物和动力关系。聚焦思想政治教育开展过程，其中充斥着主体、客体等各要素的相互作用。"只有从这种普遍的相互作用出发，我们才能认识现实的因果关系。"② 由此，我们更能厘清和理解思想政治教育内部各要素相互作用下彼此建立的联系。在思想政治教育领域中，这些关系具体表现为教育者、教育对象、教育介体以及教育环境等各要素，在理论与实践、应然与实然、历

---

① 中共中央马克思恩格斯列宁斯大林著作编译局. 马克思恩格斯选集：第3卷[M]. 北京：人民出版社，2012：996.

② 中共中央马克思恩格斯列宁斯大林著作编译局. 马克思恩格斯选集：第3卷[M]. 北京：人民出版社，2012：920.

史与现实等各个层面的互相联结、互相斗争、互相促进、互相制约等多种关系。这些关系的生发和确立奠定了动力生成的基础，作为基础环节为思想政治教育内生动力的转化和形成提供了可能。

　　动力关系的转化是思想政治教育内生动力形成的中间环节。在上述环节的基础上，思想政治教育内部各要素经过相互作用建立的关系还不具有推动促进效果，需要经过转化才生成动力的功能。从矛盾关系来看，矛盾的存在阻碍了思想政治教育的发展，这就提出了解决矛盾的相应要求。由此矛盾关系就带动了解决矛盾的意志和行动，从客观的事物联系转化为推动思想政治教育改革完善以解决矛盾的动力要求。推动功能也在转化过程中生成，"矛盾的不断产生，不断解决，螺旋式上升，波浪式前进，无限循环往复，从而推动思想政治教育不断发展、前进"①。从相互作用激发的主客体需要来看，其也经过由需要意志向行为动机的转化。需要表现为主体对事物的欲望或要求，是意志层面的客观反映和主观表达。思想政治教育主客体需要是经过相互作用刺激形成的对于教育的愿望或期待，但仍然停留在主体的意志层面。而需要本身也蕴含着人的行为动机，马克思主义深刻认识到人的这一本质特征，指出"任何人如果不同时为了自己的某种需要和为了这种需要的器官而做事，他就什么也不能做"②。因此，需要在主客体内部就实现了转化，成为满足需要

---

① 张耀灿，郑永廷，吴潜涛，等. 现代思想政治教育学 [M]. 北京：人民出版社，2006：6.
② 中共中央马克思恩格斯列宁斯大林著作编译局. 马克思恩格斯全集：第3卷 [M]. 北京：人民出版社，1960：286.

的行为动机，同时需要本身所具有的引导激励功能也提供主客体发展思想政治教育的动力。由此看来，思想政治教育内生动力的形成大体经过联系的建立、关系的生发、动机的转化等几个环节。

动力的凝聚是思想政治教育内生动力形成的必要环节。从普遍意义上看，"思想政治教育过程是教育者、受教育者、教育介体等诸多因素相互作用的复杂的运动过程，这个过程充满着各种各样的矛盾"①。思想政治教育内部要素的多样性决定了相互作用基础上生成动力的多元性，而动力具备的方向性提出了动力凝聚的现实需要。在思想政治教育视域中，育人的共同目标将多元动力凝聚成思想政治教育合力。"之所以能把所有各层次、各个动力主体的动力整合为统一的思想政治教育动力系统，完成思想政治教育整体的运行目标，一个重要原因就是，人们可以调整不同动力主体的动力方向，使整合后的总的动力方向与思想政治教育目标趋于一致。"② 无论是思想政治教育内部的矛盾问题，还是思想政治教育各方参与者的需求期待，都指向更好地发挥思想政治教育的育人功能，协助落实完成立德树人的根本任务。正如习近平总书记强调的："要坚持把立德树人作为中心环节，把思想政治工作贯穿教育教学全过程。"③ 基于此，思想政治教育内生动力在总体方向上实现统一，凝聚形成多元协同

---

① 陈万柏，张耀灿.思想政治教育学原理：第3版［M］.北京：高等教育出版社，2015：143.

② 马奇柯.论思想政治教育的动力机制［J］.江汉论坛，2004（9）：26.

③ 习近平在全国高校思想政治工作会议上强调 把思想政治工作贯穿教育教学全过程 开创我国高等教育事业发展新局面［N］.人民日报，2016-12-09（1）.

的思想政治教育合力。总的来说，内生动力是思想政治教育内部各要素在相互作用基础上经过生发转化，并由育人共同目标凝聚的合力。

三、促进思想政治教育自身内涵式发展的推动力量

思想政治教育要更好地达成育人目标就需要实现自身的发展。"世上没有无源之水、无本之木，探索思想政治教育的创新发展，必须回归思想政治教育活动本身，寻找其前进发展的内生动力，实现思想政治教育的内涵式发展和遵循规律的良性发展。"[1]

一方面，内生动力致力于实现思想政治教育的内涵式发展，其作用方向指向思想政治教育自身，在动力循环中实现思想政治教育的创新发展。上文提及共同的育人目标将基于思想政治教育内部各要素相互作用形成的多元动力凝聚成内生合力。而这种动力的作用方向呈现螺旋式上升的内部循环，动力生成推动发展，发展变革又激发新的动力，实现源于思想政治教育并作用于思想政治教育的可持续发展。具体而言，相互作用基础上生发的矛盾问题、主体需要等凝聚而成的内生动力，通过推动思想政治教育矛盾的缓解、问题的解决以及参与主体需要的满足、设想的落实等方式，调整和完善思想政治教育以保障其育人过程更顺利有效地开展，同时在相互作用中又催生和释放新的动力，在内生动力循环中促进思想政治教育

---

[1] 冯刚. 探索思想政治教育发展的内生动力 [M]. 北京：人民出版社，2017：1.

自身持续创新发展。同时，在这一过程中，思想政治教育内生动力不直接作用于外在对象，而是通过完善和发展思想政治教育自身，以强化思想政治教育育人功能的发挥，从而促进育人目标的实现。因此，内生动力致力于实现思想政治教育的内涵式发展。习近平总书记高度重视内涵式发展，强调"规模扩张并不意味着质量和效益增长，走内涵式发展道路是我国高等教育发展的必由之路"①。从概念本质来看，思想政治教育的内涵式发展是包括教育主体、客体、介体、环体等各要素的综合发展。内生动力源自并促进教育各要素的相互作用，是推动思想政治教育内涵式发展的关键力量。

另一方面，内生动力的生成和作用方式遵循规律，从根本上看是积极正向的推动力量。内生动力是反映唯物辩证法基本理念原则的科学动力。其一，内生动力体现内因在事物发展中起决定作用的规律性认识。在思想政治教育内外因关系中，外生动力通过促进内部要素相互作用激发内生动力实现推动发展效果，生动彰显了"外因是变化的条件，内因是变化的根据，外因通过内因而起作用"②。其二，内生动力符合矛盾理论，阐明了思想政治教育发展的一般过程。内生动力以呈现矛盾关系的相互作用为集中体现，在对立统一中极大地促进了思想政治教育各要素的有效互动，生动诠释了"整

---

① 习近平. 在北京大学师生座谈会上的讲话 [M]. 北京：人民出版社，2018：4.
② 毛泽东. 毛泽东选集：第1卷 [M]. 北京：人民出版社，1991：302.

个伟大的发展过程是在相互作用的形式中进行的"[1]。其三，内生动力尊重人的主观能动性，肯定了思想政治教育参与主体的本质力量及其能动作用。对此，马克思主义从一般性视角阐述了主体力量的生成过程，强调"外部世界对人的影响表现在人的头脑中，反映在人的头脑中，成为感觉、思想、动机、意志，总之，成为'理想的意图'，并且以这种形态变成'理想的力量'"[2]。内生动力遵循人的主体力量生成规律，强调相互作用对教育主客体的影响，重视生成的需求对思想政治教育的推动作用。由此看来，内生动力的生成及作用发挥遵循客观规律，着眼于思想政治教育的发展与进步，从而更好地实现育人价值，因此内生动力本质上是积极正向的推动力量。

本质作为"事物本身所固有的，决定事物性质、面貌和发展的根本属性"[3]，是认识把握事物必须探究和厘清的关键。思想政治教育内生动力本质上是一种推动力量，其以促进自身内涵式发展为任务指向，带有突出的积极正向特征。其一，推动力量决定思想政治教育内生动力的性质。事物的本质决定其性质，推动力量作为思想政治教育内生动力的本质，决定其能动性。推动力量蕴含的动能赋

---

[1] 中共中央马克思恩格斯列宁斯大林著作编译局. 马克思恩格斯选集：第4卷[M]. 北京：人民出版社，2012：614.
[2] 中共中央马克思恩格斯列宁斯大林著作编译局. 马克思恩格斯选集：第4卷[M]. 北京：人民出版社，2012：238.
[3] 中国社会科学院语言研究所词典编辑室. 现代汉语词典：第7版[M]. 北京：商务印书馆，2016：63.

予内生动力以起到促进驱动效果的能量，使其具备突出的能动性。其二，思想政治教育内生动力作为一种推动力量，展现出突出的积极正向性。推动力量不仅决定内生动力的方向性，同时直接影响其形象面貌。推动力量的正向性决定并赋予内生动力的正向性，在作用发挥中内生动力展现出推动思想政治教育向前向好发展的积极正能量的形象面貌。其三，推动力量本质将内生动力落实到思想政治教育内涵式发展中，并在相互作用中激发新的力量。事物的本质根本上决定其发展，内生动力因其推动力量本质，有效促进了思想政治教育内部各要素的相互作用，在现有基础上完成提升进步进而实现内涵式发展的同时，在要素互动中又孕育和激发了新的推动力量。由此可见，推动力量决定了内生动力的性质、面貌和发展，其思想政治教育内生动力的本质得以确证。总的来说，遵循规律的内生动力作为积极正向的推动力量，作用方向指向思想政治教育自身，在动力循环中实现思想政治教育的内涵式发展。

第三节　思想政治教育内生动力的价值意蕴

内生动力是贯穿思想政治教育发展始终、协同内部各要素共同参与的关键力量，研究和发展思想政治教育内生动力具有重要的价值意义。具体而言，内生动力既是思想政治教育主体性激发的关键要素，也是思想政治教育理论深化的重要着力点，更是思想政治教育可持续发展的力量源泉。

一、思想政治教育主体性激发的关键要素

在内生动力结构中，主体力量是体现主动性的重要组成部分。主体力量本身蕴含着推动社会发展变革的强大动力。重视和激发内生动力就在肯定思想政治教育发展中人的关键作用基础上，强调激发人的主体性，发展人的本质力量，进而推动思想政治教育内涵式发展。

在思想政治教育视域中，内生动力内在包含着对人作为主体的关键力量的关注和肯定。从根本上看，"思想政治教育过程是教育者和受教育者共同参与、相互作用的过程"①。思想政治教育过程作为发生在主体间有效互动的活动历程，"教育者和受教育者是思想政治教育过程的两个主要因素，无论离开了哪一方面，教育过程都不能成为完整的过程"②。因此，实践参与主体是思想政治教育要素结构中带有主动性的核心组成部分，组织带动其他要素相互作用。而内生动力根本上源自思想政治教育内部各要素的相互作用，高度重视人作为主体的关键力量，将主体动力纳入并将之视为动力结构中的重要组成部分。一方面，内生动力的生成高度重视人作为主体在思想政治教育要素互动中的重要作用。基于相互作用的内生动力，其

---

① 张耀灿，郑永廷，吴潜涛，等.现代思想政治教育学［M］.北京：人民出版社，2006：325.
② 张耀灿，郑永廷，吴潜涛，等.现代思想政治教育学［M］.北京：人民出版社，2006：325.

<<< 第一章 思想政治教育内生动力的学理阐释

生成根本上立足于思想政治教育各要素的互动关系。而人作为具有能动性的核心要素，组织并推动这些互动关系的生发和演化。因此内生动力内在包含着对思想政治教育主体力量的肯定。另一方面，内生动力将主体动力纳入并将之视为动力结构中的重要组成部分。主体动力作为源于教育内部要素、指向思想政治教育发展进步的推动力量，是具有明显特征的代表性内生动力。在动力结构中，主体动力因其能动性对其他动力发挥着带动作用，成为内生动力的重要组成部分。

对主体动力的重视是遵循唯物史观基础上对人在社会历史发展中主体地位的确证。恩格斯在自然发展动力和社会发展动力的比较中，明确强调了人在社会历史发展中的主体作用。恩格斯指出，"在自然界中（如果我们把人对自然界的反作用撇开不谈）全是没有意识的、盲目的动力，这些动力彼此发生作用，而一般规律就表现在这些动力的相互作用中。在所发生的任何事情中……没有任何事情是作为预期的自觉的目的发生的"[①]，肯定了规律是自然发展中的关键动力，同时在比较中剖析了社会发展中人的特殊地位，指出"相反，在社会历史领域内进行活动的，是具有意识的、经过思虑或凭激情行动的、追求某种目的的人；任何事情的发生都不是没有自觉的意图，没有预期的目的的"[②]，指明了人在社会历史发展中的主体

[①] 中共中央马克思恩格斯列宁斯大林著作编译局. 马克思恩格斯选集：第4卷[M]. 北京：人民出版社，2012：253.
[②] 中共中央马克思恩格斯列宁斯大林著作编译局. 马克思恩格斯选集：第4卷[M]. 北京：人民出版社，2012：253.

作用，强调了人作为核心动力的存在。在思想政治教育视域中，有意识的主体根据自身的需求和期待，依托激情或使命等情感支撑，组织和推动各要素相互作用以开展教育活动，进而达成教育目的、实现教育效果。同时在相互作用中，主体推动下各教育要素取得现有成效上新的进步，从而实现思想政治教育的整体发展。由此可见，主体具有驱使要素互动的动力属性，思想政治教育的发展离不开人，人在其发展结构中处于核心地位。因此，内生动力将思想政治教育中主体的作用视为重要力量，是遵循唯物史观指导、彰显人在社会历史发展中的主体地位的充分体现。

　　人的主体地位也提出了作用发挥的现实要求，人要承担起历史创造者的角色，为推动社会发展贡献力量。于思想政治教育而言，重视内生动力就在肯定思想政治教育发展中人的主体地位基础上，强调发挥人作为发展结构核心的关键作用。一方面，内生动力在肯定人的思想政治教育主体地位中激发主体性。内生动力本质上作为事物相互作用的产物，重视人在思想政治教育要素互动中的核心位置和能动作用，在肯定人的这一主体地位基础上强调发挥人对其他教育要素的带动、促进效果，激发人组织、协同各项资源、条件和有利因素的主体性，以实现推动思想政治教育的内涵式发展。另一方面，内生动力在强化人的思想政治教育主体意识中激发主体性。内生动力基于人的主体地位，强调进一步激发人的自觉能动意识，关注人对思想政治教育的需求期待、责任使命、志向抱负等，在重视这些主体意识觉醒基础上精神力量的发挥，不断激发主体性，将其转化为促进要素互动、推动创新发展的物质力量。正如马克思主义揭示的，人根本上是"有激情的存在物。激情、热情是人强烈追求自己的对象的本质力量"[①]。内生动力就是要强化思想政治教育参与人员的主体意识，在思想政治教育实践中深化认识、满足期待、发展需求，通过持续的良性循环不断提升主体力量，进而推动思想政治教育的创新发展。因此，重视和发展内生动力，思想政治教育的主体性也将得以激发，实现其在主体力量提升中强化内生动力，在内生动力增强中激发主体性。

二、思想政治教育理论深化的重要着力点

内生动力的理论价值不仅在于其本身具有的理论蕴涵，更体现在促进相关理论发展的联动作用上。作为学科研究的新视角，内生动力是思想政治教育理论深化的重要着力点和发展的关键突破口。

思想政治教育的理论是相互联系、相互贯通的体系，理论的发展也呈现相互促进、相辅相成的密切关联。这是由思想政治教育的运行方式决定的。"思想政治教育作为培养人才的重要一环，需要遵循党的教育方针，结合时代发展特征、中国改革实践和学生思想变化特点，在理论深化和实践创新的相互作用下实现自身创新发展。"[②] 思想政治教育是教育主体、客体、介体、环体等各要素共同

[①] 中共中央马克思恩格斯列宁斯大林著作编译局. 马克思恩格斯全集：第42卷[M]. 北京：人民出版社，1979：169.

[②] 冯刚，彭庆红，佘双好，等. 新时代高校思想政治教育学原理[M]. 北京：人民出版社，2021：6.

参与的复杂系统,其育人功能的发挥关键在于各要素之间相互配合、协调一致,以形成良好的教育结构,因此无论是着眼于思想政治教育整体研究还是聚焦各要素研究,都离不开相互关系的探讨。也正是由于这种理论特性,思想政治教育某一要素理论突破带动相关要素理论深化,进而促进思想政治教育整体发展的联动效果明显。比如,实践发展和科技创新背景下思想政治教育介体不断丰富,相关的理论也在运用中积累和拓展,同时提出了教育者学习掌握介体以提升主体力量、教育对象适应接受介体以提升教育效果等研究的新问题,实现介体理论突破基础上的主体、客体等相关要素理论深化,以至思想政治教育理论的整体发展。因此,正如有学者提出,"开展思想政治教育基础理论研究要运用系统思维,将思想政治教育基础理论作为体系进行研究,并将其置于思想政治教育体系中展开"[1]。由此可见,系统性、体系化是思想政治教育理论的突出特点,也是理论发展的关键属性。

而内生动力作为多维度的研究视角,是思想政治教育基础理论深化的重要着力点。内生动力生成于思想政治教育内部各要素的相互作用,对思想政治教育内生动力的研究必然涉及对主体、客体、内容等多要素及其作用关系的认识研究。一方面,内生动力提供了再认识思想政治教育各个要素的新视角。立足育人实践,聚焦各要素研究的基础理论是思想政治教育学科发展的丰厚沃土,必须在时

---

[1] 孙其昂. 论思想政治教育基础理论的"体系"研究[J]. 马克思主义与现实, 2021 (5): 190.

代演进和实践创新中持续深化。"对思想政治教育学原理而言，要突破已有格局和发展态势，贯通思想政治教育实践史和学术史，对基本概念、基本范畴、基本要素进行前提性反思和根源性探索。"① 以内生动力为前提性视角，审视思想政治教育各个要素在其中扮演的角色、发挥的作用，研究各要素的新样态和新功能，进而深化基础理论。另一方面，内生动力提供了再认识思想政治教育要素互动的新维度。内生动力的生成和运行依赖思想政治教育各要素之间有序地相互作用。可以说，研究内生动力以一种系统的、整体的新维度，来审视思想政治教育的要素互动。从内生动力的关系生发、转化生成、合力凝聚，到作用发挥、实践运行，聚焦内生动力这一线索，系统梳理思想政治教育各要素的功能践行和互动关系，将从整体上促进基础理论的深化和拓展。总的来说，立足思想政治教育内生动力这一新的研究视角和维度，相关基础理论研究也将在内生动力的探讨中认识新情况、研究新问题、实现新发展。

同时，内生动力本身是思想政治教育基础理论研究中较为新颖但又至关重要的理论命题。"基础理论是学科确立和发展的'骨骼'和框架，为学科发展提供重要根基、丰厚滋养和持续动力。"② 基础理论深化展现突出的必要性和价值性，内生动力就是其中的关键生长点。一方面，内生动力研究填补了思想政治教育基础理论的空缺。

---

① 冯刚. 深化新时代思想政治教育基础理论研究 [J]. 思想政治教育研究，2020（1）：3.

② 冯刚. 推动新时代思想政治教育学科高质量发展 [J]. 学校党建与思想教育，2022（7）：2.

内生动力着眼思想政治教育的发展和进步，并因其在动力结构中的深层性、根源性定位，内生动力研究也是思想政治教育理论研究中的基础和根本。而从现有研究成果来看，围绕思想政治教育动力整体以及着眼于某一具体动力特别是外在动力的研究较多，聚焦内生动力开展的专门研究相对缺乏。内生动力研究在完善思想政治教育动力理论的过程中，进一步深化和拓展了学科基础理论体系。另一方面，内生动力研究提供了思想政治教育基础理论发展深化的力量。内生动力不仅能够促进思想政治教育的发展和进步，其作用效果也适用于基础理论的深化拓展。立足思想政治教育视域，厘清内生动力的理论内涵、构成要素和形成机制，在这一过程中内生动力的研究范式也得以形成，将其用以审视和探究基础理论的内生动力，进而发掘推动基础理论发展的源头活水。总的来说，内生动力以其相互联系、相互作用的本质特性，成为思想政治教育各要素的联结点，也提供了思想政治教育研究新的视角，是思想政治教育理论深化的重要着力点和突破口。

三、思想政治教育可持续发展的力量源泉

理论和实践充分证明，遵循规律是事物实现可持续发展的根本前提，内生动力是经过历史和实践检验的、关于思想政治教育发展的规律性认识。随着内生动力的认识深化和深入发掘，并逐步实践转化为制度机制，思想政治教育可持续发展的力量源泉得以充分涌流，切实发挥出内源性的推动作用。

<<< 第一章 思想政治教育内生动力的学理阐释

思想政治教育的发展必然要遵循规律,而内生动力是关于思想政治教育发展的规律性认识。中共中央、国务院印发《关于加强和改进新形势下高校思想政治工作的意见》强调了"加强和改进高校思想政治工作的基本原则",其中的关键一条就是"坚持遵循教育规律、思想政治工作规律、学生成长规律"①。规律指明了事物发展的本质联系和未来指向,遵循规律是实现思想政治教育可持续发展的根本前提,内生动力的合规律性主要体现在以下两方面。一方面,内生动力本身是关于思想政治教育发展的规律性认识。"有效把握思想政治教育的规律,等于抓住了思想政治教育的本质内涵和运行的内在逻辑,这正是我们探索的思想政治教育内生动力的主要内容。"② 内生动力重在揭示思想政治教育各要素相互作用的一般规律,把握要素之间相互配合、协调一致的运行逻辑,进而打开思想政治教育可持续发展的源头活水。因此,作为要素互动中必然稳定联系的本质反映,思想政治教育内生动力是关于发展的规律性认识。另一方面,内生动力的运行遵循思想政治教育的相关规律。思想政治教育内生动力强调矛盾的对立统一蕴含的发展力量,尊重人在发展中的主体地位,重视人的意志、需求等的能动作用,着眼于思想政治教育领域注重契合教育规律、思想政治工作规律和学生成长规律,在遵循规律的有序运行中发挥作用、产生实效。由此可见,内

---

① 中共中央国务院印发《关于加强和改进新形势下高校思想政治工作的意见》[N]. 人民日报, 2017-02-28 (1).
② 冯刚. 探索思想政治教育发展的内生动力 [M]. 北京:人民出版社, 2017: 2.

生动力是致力于思想政治教育发展并切实遵循规律的科学认识。

内生动力是经过历史和实践检验的、贯穿思想政治教育发展始终的关键力量。聚焦未来发展，要认清来时的路，百年来思想政治工作发展成为"党的优良传统、鲜明特色和突出政治优势"①，其所展现出的旺盛生命力，离不开内生动力的支持。内生动力作为内含要素与思想政治教育同步生成，并伴随其发展不断丰富拓展。具体而言，在思想政治教育发展的不同阶段，不同构成、不同侧重、不同表现形式的内生动力，支撑着思想政治教育的运行开展和功能发挥。从构成上看，内生动力在思想政治教育实践中内涵不断丰富，其构成也从单一要素发展成为多元要素体系，支撑着思想政治教育不断走向繁荣壮大。从侧重上看，在不同的发展阶段，内生动力或强调思想政治教育内部矛盾的推动作用，或突出教育过程中人的意志、需要等主体力量，发挥着推动促进的作用效果。从表现形式上看，在思想政治教育实践进程中，内生动力借助教育主客体，依托政策文件、制度机制、计划方案等载体得以落实，呈现出多种表现形式，在教育教学实践中发挥着重要作用。立足百年思想政治教育史，其中积累了丰富的理论成果和实践经验，为认识和剖析内生动力、把握思想政治教育发展规律提供了宝贵素材。紧扣内生动力这一主线，把握思想政治教育各要素相互作用的一般规律，探索要素之间相互配合、协调一致的内生动力生成机理，厘清内生动力推动

---

① 中共中央国务院印发《关于新时代加强和改进思想政治工作的意见》[N]. 人民日报，2021-07-13（1）.

思想政治教育发展的作用方式,在历史和实践中汲取内生动力的规律性认识。

内生动力在转化落实中持续推进思想政治教育内涵式发展。"思想政治教育的内生动力不是抽象的理论建构,有效把握和寻找思想政治教育的内生动力一定要落到实处。"① 这充分指明了思想政治教育内生动力理论性和实践性的内在统一,并突出强调了内生动力作为推动力量的实践指向。一方面,发掘和拓展思想政治教育内生动力必须源于实践、用于实践。思想政治教育内生动力不是主观构想的而是客观存在的,存在于教育实践中,贯穿于各要素互动中。同时,内生动力也只有用于实践,融入思想政治教育各要素的相互作用才能产生效果,实现教育的发展进步。由此可见,内生动力在思想政治教育实践中得到循环,推动促进的作用效果实现可持续。另一方面,内生动力在转化落实为制度机制中实现推动思想政治教育可持续发展。"制度化是工作常态开展、有序实施、切实执行的重要保证"②,实现制度化,思想政治教育内生动力的作用发挥就有了有力保障和规则遵循。内生动力在运用中逐步实现实践转化,不断在顶层设计、系统推进、协同创新和累积发展上下功夫,立标准、建机制、提质量、促发展,努力形成一套可示范、可检验、可复制、可推广的思想政治教育内生动力运行模式,在持之以恒、绵绵用力

---

① 冯刚. 探索思想政治教育发展的内生动力 [M]. 北京:人民出版社,2017:3.

② 聂小雄,朱宏强. 思想政治理论课教师专业发展的内生动力探赜 [J]. 高校辅导员,2022(4):13.

中不断促进思想政治教育的可持续发展。因此，内生动力因其各要素相互作用的内在本质，作为一脉相承的接续力量，着眼于思想政治教育的守正创新，是可持续的内在动力，成为思想政治教育可持续发展的力量源泉。

　　思想政治教育内生动力既是一个学理深厚的理论命题，更是一个落地践行的实践命题。应秉持理论性和实践性相统一的理念审视思想政治教育内生动力，在区分动力因素、鉴别动力方向、厘清动力关系中把握内生动力的外延边界，在把准相互作用、教育合力、推动力量等核心要素中把握内生动力的丰富内涵，并从主体力量、理论深化、实践发展等维度把握内生动力的价值意蕴，在多维探究中夯实思想政治教育内生动力的学理阐释。

第二章

思想政治教育内生动力的理论渊源

内生动力是理论统一于实践的重要命题，具有深厚的理论意蕴。从理论视角出发探究内生动力的内在合理性，对于把握思想政治教育内生动力的丰富蕴涵具有奠基作用。聚焦思想政治教育内生动力，从马克思主义经典作家和中国共产党领导人的理论学说中系统开展理论溯源，从社会学、教育学、心理学等相关学科的思想理论中寻找有益借鉴，着力发掘思想政治教育内生动力的理论渊源。

第一节 马克思主义经典作家的相关思想理论

马克思主义矛盾学说对内部矛盾决定作用的论证、需要理论对人的需要推动作用的肯定以及社会发展理论对矛盾和人的作用的强调，阐明了思想政治教育内生动力的内在合理性。

一、马克思主义矛盾学说

唯物辩证法是马克思主义科学的世界观和方法论，强调事物发展的根本动力来源于事物内部，生成于事物内部的矛盾斗争，这为认识把握思想政治教育内生动力的合理性和科学内涵提供了理论指导。

相互作用是马克思主义考察事物变化发展的根本视角。马克思主义提出唯物辩证法这一科学的世界观和方法论，洞悉事物变化发展的根本原因，强调"相互作用是事物的真正的终极原因。我们不能比对这种相互作用的认识追溯得更远了，因为在这之后没有什么要认识的东西了"[1]。唯物辩证法主张从联系的观点看待事物，从相互作用的视角研究事物的发展，揭示了一切运动的本质原因，阐明"当我们通过思维来考察自然界或人类历史或我们自己的精神活动的时候，首先呈现在我们眼前的，是一幅由种种联系和相互作用无穷无尽地交织起来的画面，其中没有任何东西是不动的和不变的，而是一切都在运动、变化、生成和消逝"[2]。马克思主义不仅阐述了事物运动是绝对的、永恒的，并从哲学上解释了事物运动变化的原因，从相互作用视角描绘了事物发展的一般过程。由此，马克思主义得

---

[1] 中共中央马克思恩格斯列宁斯大林著作编译局. 马克思恩格斯选集：第3卷 [M]. 北京：人民出版社，2012：920.
[2] 中共中央马克思恩格斯列宁斯大林著作编译局. 马克思恩格斯选集：第3卷 [M]. 北京：人民出版社，2012：790.

出"整个伟大的发展过程是在相互作用的形式中进行的"① 这一观点。在此基础上，推动事物运动发展的各种形式的动力，就有了哲学意义上合规律性的科学解释。聚焦思想政治教育，其发展过程也是在相互作用中进行的，这里的相互作用既包括内部各要素之间，也包括内部要素与外部要素之间的互动。而在这些复杂的要素互动中就蕴含着各种形式的、着力推动思想政治教育变化演进的多元动力。

马克思主义强调内因决定事物的变化发展。从理论本身而言，唯物辩证法在肯定"每个事物都作用于别的事物"② 的同时，深刻认识到内因对事物变化发展的决定性作用，科学把握了内因和外因的辩证关系。马克思主义揭示了相互作用基础上的因果性，指出"我们不仅发现某一个运动后面跟随着另一个运动，而且我们也发现，只要我们造成某个运动在自然界中发生时所必需的那些条件，我们就能引起这个运动"③，阐明了事物发展的因果关系，以及因果关系的可控性。同时马克思主义坚持普遍联系和相互作用的观点，认为事物发展的原因是复杂多样的，具体体现在内因和外因的相互交织。其中，马克思主义突出强调了内因的重要性，同时揭示了对

---

① 中共中央马克思恩格斯列宁斯大林著作编译局. 马克思恩格斯选集：第 4 卷［M］. 北京：人民出版社，2012：614.
② 中共中央马克思恩格斯列宁斯大林著作编译局. 马克思恩格斯选集：第 3 卷［M］. 北京：人民出版社，2012：996.
③ 中共中央马克思恩格斯列宁斯大林著作编译局. 马克思恩格斯选集：第 3 卷［M］. 北京：人民出版社，2012：921.

内因的忽视问题，指出"自然科学和哲学一样，直到今天还全然忽视人的活动对人的思维的影响；它们在一方面只知道自然界，在另一方面又只知道思想"①。继承马克思主义的科学主张，列宁进一步提出"自己运动"的思想，指出"自然界的（也包括精神的和社会的）一切现象和过程具有矛盾着的、相互排斥的、对立的倾向。要认识在'自己运动'中、自生发展中和蓬勃生活中的世界一切过程，就要把这些过程当作对立面的统一来认识"②，并强调将"这个事物（或现象）的发展、它自身的运动、它自身的生命"③作为辩证法的要素。这就点明了事物内部的对立统一关系即内因对事物发展的决定性影响。由此看来，与教育载体和环境等外部动力因素相比，把握思想政治教育的内生动力更为关键。

在此基础上，马克思主义进一步揭示了内因的本质，即蕴含其中的矛盾是促进事物变革的根本力量。在多元的内容要素和复杂的互动联系中，马克思主义从矛盾视角剖析了事物发展的一般过程，指出事物内部"两个相互矛盾方面的共存、斗争以及融合成一个新范畴，就是辩证运动"④。在这一过程中，事物的辩证运动构成了事

---

① 中共中央马克思恩格斯列宁斯大林著作编译局. 马克思恩格斯选集：第3卷[M]. 北京：人民出版社，2012：922.
② 中共中央马克思恩格斯列宁斯大林著作编译局. 列宁选集：第2卷[M]. 北京：人民出版社，2012：557.
③ 中共中央马克思恩格斯列宁斯大林著作编译局. 列宁选集：第2卷[M]. 北京：人民出版社，2012：411.
④ 中共中央马克思恩格斯列宁斯大林著作编译局. 马克思恩格斯选集：第1卷[M]. 北京：人民出版社，2012：225.

物的发展,而发展的动力则来源于矛盾双方的对立统一。正如列宁在《谈谈辩证法问题》中指出的,"发展是对立面的'斗争'"①,因此,我们不仅要以辩证的思维看待事物的发展问题,还应从事物内部矛盾中寻找发展的动力。与此同时,马克思主义还强调了矛盾作为事物内部的动力,是贯穿事物发展始终的。恩格斯在《反杜林论》中多次提及这一观点,在论述无限性问题时指出,"正因为无限性是矛盾的,所以它是无限的、在时间上和空间上无止境地展开的过程。如果矛盾消除了,那无限性就终结了"②;在论述生命发展时指出,"生命也是存在于物体和过程本身中的不断地自行产生并自行解决的矛盾;矛盾一停止,生命也就停止,死亡就到来"③,都阐明了"内部矛盾斗争贯穿事物发展始终"的观点。马克思主义深刻揭示了事物的发展本质上是自身必然的运动,事物发展的根本原因在于事物内部的矛盾性,这就是内生动力的根本体现。

在马克思主义矛盾学说指导下,思想政治教育内生动力的关键作用不言而喻,而思想政治教育的内部矛盾是推动思想政治教育改革创新的根本原因,贯穿于思想政治教育发展的始终,是思想政治教育内生动力的根本构成。

---

① 中共中央马克思恩格斯列宁斯大林著作编译局. 列宁选集:第2卷[M]. 北京:人民出版社,2012:557.
② 中共中央马克思恩格斯列宁斯大林著作编译局. 马克思恩格斯选集:第3卷[M]. 北京:人民出版社,2012:427.
③ 中共中央马克思恩格斯列宁斯大林著作编译局. 马克思恩格斯选集:第3卷[M]. 北京:人民出版社,2012:499.

二、马克思主义需要理论

需要理论是马克思主义揭示人的思维发展一般规律的重要理论，阐明了人的需要生成、发展及作用发挥的科学规律。马克思主义把需要视为人的本性，提出需要是人的心理结构中最根本的东西，对人的思想行为具有重要的主导作用，这对本书从主体维度研究思想政治教育内生动力具有借鉴意义。

马克思主义深刻揭示了需要作为人的本性，是人的心理结构中最根本的东西。马克思、恩格斯在《德意志意识形态》中强调："我们首先应当确定一切人类生存的第一个前提，也就是一切历史的第一个前提，这个前提是：人们为了能够'创造历史'，必须能够生活。但是为了生活，首先就需要吃喝住穿以及其他一些东西。因此第一个历史活动就是生产满足这些需要的资料，即生产物质生活本身。"① 生存需要的满足是主体性活动的起点，人类也在满足需要的劳动过程中不断发展自身的主体力量。同时，需要作为对客观存在的主观反映，成为人类为适应生存发展而具备的本质属性，正如马克思主义强调的，人的"每一种本质活动和特性，他的每一种生活本能都会成为一种需要"②，因此，需要是人的本质属性，是人的心理结构中最深层、最根本的东西。在此基础上，马克思主义进一步

---

① 中共中央马克思恩格斯列宁斯大林著作编译局. 马克思恩格斯选集：第1卷［M］. 北京：人民出版社，2012：158.

② 中共中央马克思恩格斯列宁斯大林著作编译局. 马克思恩格斯全集：第2卷［M］. 北京：人民出版社，1957：154.

阐明了需要作为人类的主体意识对自身行为的主导动力作用，是人类个体和整个人类发展的原始动力。恩格斯在《自然辩证法》中强调了需要和意识的关系，"需要是反映在头脑中，是进入意识的"①。在意识层面，需要转化为主体行动的动机，驱动主体开展满足需要的实践。马克思主义运用反证进行了说明，"任何人如果不同时为了自己的某种需要和为了这种需要的器官而做事，他就什么也不能做"②。由此可见，需要作为人与生俱来的本质属性，给予了人最直接、最本真而又最强大的精神力量，为人的生存与发展提供动力支撑。

马克思主义充分肯定了需要的发展性，而发展的需要将带给人持续的内源性动力。马克思主义深刻认识到人的需要是不断发展的，"已经得到满足的第一个需要本身、满足需要的活动和已经获得的为满足需要而用的工具又引起新的需要"③。这阐明了不仅需要满足带来的获得感激发人们新一轮需要的欲望，而且面对满足需要活动实现的生产发展，以及自身生产能力和劳动水平的提升，人们也将提出新的更高的需要。在需要提出和满足的动态循环中，人的需要呈现螺旋式上升的发展过程。马克思在《资本论》第一卷中聚焦工人这一实际对象，对需要的发展性进行了说明，指出"工人必须有时

---

① 中共中央马克思恩格斯列宁斯大林著作编译局．马克思恩格斯选集：第3卷［M］．北京：人民出版社，2012：996．
② 中共中央马克思恩格斯列宁斯大林著作编译局．马克思恩格斯全集：第3卷［M］．北京：人民出版社，1960：286．
③ 中共中央马克思恩格斯列宁斯大林著作编译局．马克思恩格斯选集：第1卷［M］．北京：人民出版社，2012：159．

间满足精神的和社会的需要,这种需要的范围和数量由一般的文化状况决定"①。这就以工人的文化水平为变量论述了需要的发展性,即工人的文化水平越高,需要的范围层次和数量要求就越高,具体体现在物质需要基础上精神的和社会的需要更加突出。在此基础上,需要的发展将带给人持续的动力,因为"推动人去从事活动的一切,都要通过人的头脑"②,其中主导的是人的需要,吃喝的行动从饥渴的需要开始,到头脑饱足而停止。在这一过程中,人的需要转化为人的动机,推动人为需要满足而行动,发展的需要也催生出持续的动力。因此,人的需要因其螺旋式上升的发展性以及自觉的能动性成为不容忽视的内源性动力。

同时,马克思主义深刻认识到需要的凝聚作用,将主体力量凝聚成推动人类发展的整体合力。马克思主义剖析了人们之间建立在需要基础上的联系,指出"人们之间一开始就有一种物质的联系。这种联系是由需要和生产方式决定的,它和人本身有同样长久的历史;这种联系不断采取新的形式,因而就表现为'历史',它不需要用任何政治的或宗教的呓语特意把人们维系在一起"③。这就阐明了人们需要基础上建立的物质的联系,发展到政治的、精神的等其他层面的新的联系,始终将人们维系起来。同时,马克思主义从人的

---

① 中共中央马克思恩格斯列宁斯大林著作编译局. 马克思恩格斯全集:第23卷[M]. 北京:人民出版社,1972:260.
② 中共中央马克思恩格斯列宁斯大林著作编译局. 马克思恩格斯选集:第4卷[M]. 北京:人民出版社,2012:238.
③ 中共中央马克思恩格斯列宁斯大林著作编译局. 马克思恩格斯选集:第1卷[M]. 北京:人民出版社,2012:160.

需要本性强调了这种联系的必然性，指出"由于他们的需要即他们的本性，以及他们求得满足的方式，把他们联系起来"①。共同的需要以及满足需要的方式将人们凝聚起来，将个体的力量凝聚成整体的合力，从而推动实践的发展。在此基础上，马克思主义强调了需要的发展性将不断推动整体合力的凝聚壮大，指出"像野蛮人为了满足自己的需要，为了维持和再生产自己的生命，必须与自然搏斗一样，文明人也必须这样做；而且在一切社会形式中，在一切可能的生产方式中，他都必须这样做。这个自然必然性的王国会随着人的发展而扩大，因为需要会扩大；但是，满足这种需要的生产力同时也会扩大"②。这就阐明了需要基础上凝聚的整体合力，将随着需要的发展性不断凝聚、融会和壮大。因此，马克思主义将需要视为人类个体和整个人类发展的原动力。

思想政治教育作为一种主体性的社会实践活动，其主体的需要是发展进步的自觉动力。已经取得的思想政治教育成果、寄托于思想政治教育的预期目标和现实要求、思想政治教育的现状及问题等不断催生主体新的需要。在共同需要引领下，个体的动机凝聚成集体的意志，推动思想政治教育主体在实践中将理想目标转化为真切现实。因此，思想政治教育的主体需要也是思想政治教育内生动力的重要来源。

---

① 中共中央马克思恩格斯列宁斯大林著作编译局. 马克思恩格斯全集：第3卷［M］. 北京：人民出版社，1960：514.
② 中共中央马克思恩格斯列宁斯大林著作编译局. 马克思恩格斯文集：第7卷［M］. 北京：人民出版社，2009：928.

三、马克思主义社会发展理论

社会发展理论科学揭示了人类历史演进变革的内在规律，阐明了社会发展的模式、动力和方向等问题。马克思主义在揭示社会发展规律时突出强调了矛盾和人在其中发挥的作用，阐明了社会发展动力的合力本质，为理解把握事物发展的内生动力提供了理论指导。

马克思主义充分阐释了矛盾在人类历史中的动力作用，并贯穿社会发展始终。马克思、恩格斯在《德意志意识形态》中首次提出"五种所有制形式"的构想，按照生产关系可以划分为部落所有制、古代公社所有制、封建主义所有制、资本主义所有制和共产主义所有制①，这是在系统总结社会发展历史和把握社会发展规律的基础上对社会形态的科学揭示。随着五种社会形态理论的提出，对五种社会形态之间如何实现更替发展这一问题的回答也是题中应有之义。在《〈政治经济学批判〉序言》中，马克思揭示了社会形态更替的根本动力，指出"社会的物质生产力发展到一定阶段，便同它们一直在其中运动的现存生产关系或财产关系（这只是生产关系的法律用语）发生矛盾。于是这些关系便由生产力的发展形式变成生产力的桎梏。那时社会革命的时代就到来了"②。这就揭示了人类历史演进过程中存在的生产力与生产关系这一对根本性矛盾，点明了生产

---

① 中共中央马克思恩格斯列宁斯大林著作编译局.马克思恩格斯选集：第1卷[M].北京：人民出版社，2012：148.

② 中共中央马克思恩格斯列宁斯大林著作编译局.马克思恩格斯选集：第2卷[M].北京：人民出版社，2012：2-3.

力滞后、适应、超前于生产关系的矛盾循环过程，其中就蕴含着社会发展变革的根本力量。马克思深刻认识到生产力与生产关系的矛盾运动，对于推动社会发展、实现社会形态更替的动力作用，社会发展的过程根本上是生产力与生产关系矛盾运动的过程。就思想政治教育而言，其发展过程也是思想政治教育内部矛盾的演化过程，矛盾变化的特殊性呈现出思想政治教育发展的阶段性特征，成为历史阶段划分和发展趋势预测的重要依据。

马克思主义肯定了人在社会发展中的关键作用，是创造历史的主体性动力。马克思在《政治经济学批判（1857—1858年手稿）》中提出了人类社会的三种形态，即"人的依赖关系""以物的依赖性为基础的人的独立性""建立在个人全面发展和他们共同的、社会的生产能力成为从属于他们的社会财富这一基础上的自由个性"[1]。马克思在把握社会关系演变和人的发展状况的内在关系基础上，充分肯定社会发展中人的发展的价值所在，这种价值不仅体现在人的发展是社会发展的根本目标，更在于人的发展对于社会发展的推动作用。此外，唯物史观充分阐释了"人们自己创造自己的历史"[2]的观点，肯定了人在历史发展进程中的主体地位，指出"并不是'历史'把人当作手段来达到自己——仿佛历史是一个独具魅力的

---

[1] 中共中央马克思恩格斯列宁斯大林著作编译局. 马克思恩格斯文集：第8卷［M］. 北京：人民出版社，2009：52.

[2] 中共中央马克思恩格斯列宁斯大林著作编译局. 马克思恩格斯选集：第4卷［M］. 北京：人民出版社，2012：649.

人——的目的。历史不过是追求着自己目的的人的活动而已"①。同时，马克思主义着眼于社会发展，分析了人在其中发挥的主体动力作用，点明"在社会历史领域内进行活动的，是具有意识的、经过思虑或凭激情行动的、追求某种目的的人；任何事情的发生都不是没有自觉的意图，没有预期的目的的"②。这就点明了人具备创造历史、推动社会发展的主体性动力属性。就思想政治教育而言，其根本上是做人的工作，服务于人的成长发展是根本目的，也要适应人的发展状况，契合人的阶段性特征，满足人的需求期待，在与人的成长发展相匹配的过程中实现接续发展。

同时，马克思主义还深刻认识到推动社会发展的动力必然是一个合力，在多元协同中实现社会的发展变革。马克思主义论述了社会历史发展动力的合力本质，指出"无论历史的结局如何，人们总是通过每一个人追求他自己的、自觉预期的目的来创造他们的历史，而这许多按不同方向活动的愿望及其对外部世界的各种各样作用的合力，就是历史"③。这就阐明了人类历史演进变革合力的要素结构，突出表现为人追求自己目的的主体动力与外部作用力的有机统一。与此同时，马克思主义还聚焦主体动力，分析了社会历史发展

---

① 中共中央马克思恩格斯列宁斯大林著作编译局. 马克思恩格斯文集：第1卷 [M]. 北京：人民出版社，2009：295.
② 中共中央马克思恩格斯列宁斯大林著作编译局. 马克思恩格斯选集：第4卷 [M]. 北京：人民出版社，2012：253.
③ 中共中央马克思恩格斯列宁斯大林著作编译局. 马克思恩格斯选集：第4卷 [M]. 北京：人民出版社，2012：254.

合力的生成过程，点明"历史是这样创造的：最终的结果总是从许多单个的意志的相互冲突中产生出来的，而其中每一个意志，又是由于许多特殊的生活条件，才成为它所成为的那样。这样就有无数互相交错的力量，有无数个力的平行四边形，由此就产生出一个合力，即历史结果"①。这就说明主体动力本身也是一个合力，各个主体从自身意志出发发挥作用，并经过共同目标的凝聚，在冲突和协同中以合力推动社会历史发展。正如《马克思恩格斯选集》第4卷中总结的，"历史进程表现为社会生活各种因素间的相互作用，历史发展是各种因素的合力作用的结果"②。就思想政治教育而言，推动其发展的动力必然也是一个合力，在各要素的相互作用中表现为各类矛盾、主体动力等，在共同目标凝聚下指向思想政治教育内涵式发展。

在马克思主义社会发展理论指导下，思想政治教育内生动力中矛盾和人两大要素的关键地位突显，合力的本质属性明确，把握其中的内在关系是认识思想政治教育内生动力的重点。

---

① 中共中央马克思恩格斯列宁斯大林著作编译局. 马克思恩格斯选集：第4卷 [M]. 北京：人民出版社，2012：605.
② 中共中央马克思恩格斯列宁斯大林著作编译局. 马克思恩格斯选集：第4卷 [M]. 北京：人民出版社，2012：6.

第二节 中国共产党领导人的相关思想理论

中国共产党领导人始终坚持以马克思主义为指导，立足中国革命、建设、改革实践，提出了一系列内涵丰富、影响深远的思想理论，是指导新时代中国特色社会主义建设的思想宝库。以思想政治教育内生动力等相关主题为线索，梳理总结中国共产党领导人的系统思想理论，为进一步深化对思想政治教育内生动力的合理性和丰富内涵的科学认识奠定理论基础。

一、毛泽东的相关重要论述

在领导中国革命和建设过程中，毛泽东提出了一系列立足实践、指导实践的重要论述。其中矛盾理论是毛泽东哲学思想的代表性成果，在学习马克思主义唯物辩证法基本原理的基础上，通过对矛盾的分析深刻总结了中国革命的经验教训，从哲学高度深刻分析了全面抗战爆发后矛盾的发展变化，为凝聚中国革命发展动力提供了理论指导。学习矛盾理论蕴含的哲学思想和运用矛盾理论深刻分析中国革命发展动力的重要论述，为深入探究思想政治教育内生动力提供了重要思路和借鉴。

内部矛盾是推动事物发展的根本动力。马克思主义肯定了相互作用的关键意义，揭示了事物发展动力的本质。从来源看，事物的相互作用可以分为内部和外部两方面，即包括内部各要素之间结构关系变化提出的发展要求等形成的内部驱动力，以及外部环境中相关要素因发展进步提供的有利条件等形成的外部驱动力，这两方面构成了推动事物发展的重要动力。那么其中哪一方面是推动事物发展的根本动力？根本动力的构成是什么？毛泽东在《矛盾论》中做了深刻回答："唯物辩证法的宇宙观主张从事物的内部、从一事物对他事物的关系去研究事物的发展，即把事物的发展看作事物内部的必然的自己的运动，而每一事物的运动都和它的周围其他事物互相联系着和互相影响着。"[1]唯物辩证法从联系的、运动的、全面的观点出发，重视事物之间的相互作用所形成的推动力，以此来解释事物的发展。而这种关系中，根源性的、起决定作用的是事物内部各要素之间的联系。唯物辩证法强调，形成事物发展推动力的这种关系就是矛盾。"事物发展的根本原因，不是在事物的外部而是在事物的内部，在于事物内部的矛盾性。任何事物内部都有这种矛盾性，因此引起了事物的运动和发展。"[2] 为什么矛盾会成为事物发展的动力？斗争性是矛盾的一般属性，矛盾的双方彼此对立、相互排斥，并在一定条件下向各自相反的方向转化，这种转化构成了事物发展的动力。事物的发展过程主要是矛盾运动的过程，而这种事物内部的矛盾斗争是绝对的、无条件的，其形成的推动力对事物发展来说是根源性、决定性的。总的来说，矛盾理论深刻揭示并阐述了事物

---

[1] 毛泽东. 毛泽东选集：第1卷 [M]. 北京：人民出版社，1991：301.
[2] 毛泽东. 毛泽东选集：第1卷 [M]. 北京：人民出版社，1991：301.

内部矛盾是推动事物发展的根本动力，为认识和探究思想政治教育发展的根本动力提供了指导。

外因通过内因而起作用。唯物辩证法在肯定内部矛盾是事物发展根本原因的同时，并不否认外部原因对事物发展的推动力，只是两者在其中发挥了不同的作用。毛泽东在《矛盾论》中将其归纳为："唯物辩证法认为外因是变化的条件，内因是变化的根据，外因通过内因而起作用。"[1] 为了说明这一观点，毛泽东举了几个例子来阐释，如地理和气候条件相同而国家制度的差异，说明外因并不起决定作用。又如，适当的温度能使鸡蛋变成小鸡而不能使石头变成小鸡，生动直观地表现出外因是事物变化的条件，内因才是事物变化的根据。毛泽东还从中国革命自身来论证这一观点，"十月社会主义革命不只是开创了俄国历史的新纪元，而且开创了世界历史的新纪元，影响到世界各国内部的变化，同样地而且还特别深刻地影响到中国内部的变化，但是这种变化是通过了各国内部和中国内部自己的规律性而起的"[2]。毛泽东通过这一例证指出，十月革命作为外部条件为中国社会带来变化，作用不是直接产生的，而是通过影响中国社会内部的环境局势等矛盾关系，进而推动中国社会的发展变革。这一论述阐明了唯物辩证法关于内因和外因对事物发展关系的观点，强调外因通过内因起作用，且从动力关系的角度进一步证明了内驱力即内部矛盾是推动事物发展根本动力的观点。总的来说，唯物辩

---

[1] 毛泽东. 毛泽东选集：第1卷 [M]. 北京：人民出版社，1991：302.
[2] 毛泽东. 毛泽东选集：第1卷 [M]. 北京：人民出版社，1991：303.

>>> 第二章 思想政治教育内生动力的理论渊源

证法肯定了外因在事物发展中的条件性作用，与内因相比处于从属地位，其作用方式表现为外部因素通过引起事物内部矛盾关系的变化起作用。关于动力关系的进一步理解，对于把握并更好发挥思想政治教育外驱力作用具有指导意义。

矛盾变化引起的事物发展的阶段性特征。唯物辩证法在肯定矛盾贯穿事物发展过程始终的同时，也关注矛盾变化的阶段性特征。正如毛泽东在《矛盾论》中强调："不但事物发展的全过程中的矛盾运动，在其相互联结上，在其各方情况上，我们必须注意其特点，而且在过程发展的各个阶段中，也有其特点，也必须注意。"[1] 因此，把握事物发展全局，不仅要看到矛盾的始终，也要关注矛盾的阶段变化。为什么会出现这种变化？矛盾的变化和事物发展的变化呈现什么关系？毛泽东在《矛盾论》中也做出了回答："事物发展的长过程中的各个发展的阶段，情形又往往互相区别。这是因为事物发展过程的根本矛盾的性质和过程的本质虽然没有变化，但是根本矛盾在长过程中的各个发展阶段上采取了逐渐激化的形式。"[2] 这就说明矛盾斗争性是绝对的、无条件的，即使是决定事物性质的根本矛盾，也会在相互斗争中发展演化，呈现出不同特点。除此之外，事物内部存在的其他矛盾更是如此。"被根本矛盾所规定或影响的许多大小矛盾中，有些是激化了，有些是暂时地或局部地解决了，或

---

[1] 毛泽东. 毛泽东选集：第1卷 [M]. 北京：人民出版社，1991：314.
[2] 毛泽东. 毛泽东选集：第1卷 [M]. 北京：人民出版社，1991：314.

者缓和了，又有些是发生了，因此，过程就显出阶段性来。"① 因此，决定事物性质的根本矛盾在自身变动的同时，带动其他矛盾发生从出现到消灭的变化，这一过程的不同阶段呈现出不同的特点。总的来说，阶段性是矛盾演化影响下事物发展的必然特征，关注事物发展的阶段性，洞察其背后的矛盾变化，对于掌握和运用矛盾变化形成的推动力，从而更好把握事物发展趋势具有重要意义。

对立统一构成了一切事物的矛盾运动。唯物辩证法认为矛盾的对立统一表现为矛盾的同一性和斗争性。同一性是指"一切矛盾着的东西，互相联系着，不但在一定条件之下共处于一个统一体中，而且在一定条件之下互相转化"②。因此，矛盾的同一性是有条件的，如果没有与自己对立斗争的另一方，自己就失去了存在的条件，不能成为矛盾。矛盾的斗争性表现为"矛盾的斗争贯穿于过程的始终，并使一过程向着他过程转化，矛盾的斗争无所不在，所以说矛盾的斗争性是无条件的、绝对的"③。同一性和斗争性概括了矛盾的存在状态和基本运行过程，矛盾在对立统一中实现发展推进。正如毛泽东总结的："有条件的相对的同一性和无条件的绝对的斗争性相结合，构成了一切事物的矛盾运动。"④ 总的来说，斗争的双方决定矛盾的存在，斗争的绝对性提供了原始推动力，在一定条件下促成双方的相互转化，构成循环往复的矛盾运动。矛盾的变化直接影响

---

① 毛泽东. 毛泽东选集：第 1 卷 [M]. 北京：人民出版社，1991：314.
② 毛泽东. 毛泽东选集：第 1 卷 [M]. 北京：人民出版社，1991：330.
③ 毛泽东. 毛泽东选集：第 1 卷 [M]. 北京：人民出版社，1991：333.
④ 毛泽东. 毛泽东选集：第 1 卷 [M]. 北京：人民出版社，1991：333.

事物的状态，对立统一的矛盾运动形成事物发展的内生动力。

贯穿唯物辩证法精髓的矛盾理论，通过对矛盾对立统一关系的深入阐释、矛盾特征的系统论述以及矛盾对事物发展影响的深刻分析，为认识把握思想政治教育内生动力提供了方法论指导和分析模式借鉴。

二、邓小平的相关重要论述

面对中国发展实际问题，邓小平提出了一系列重要论述，形成了系统化的思想理论。其中在矛盾解决中推动中国发展、党和人民是推动中国发展的主体力量、思想政治工作是团结凝聚力量的重要方式等观点，为研究思想政治教育内生动力提供了理论指导。

在矛盾解决中推动中国发展。邓小平始终坚持马克思主义立场观点方法，正确认识矛盾的存在及其功能，提出了一系列重要论述。在《解放思想，实事求是，团结一致向前看》中论及经济改革要选取试点开展试验时，邓小平强调"试验中间会出现各种矛盾，我们要及时发现和克服这些矛盾。这样我们才能进步得比较快"[1]，点明了矛盾具有的推动发展的功能。同时，邓小平还总结道："实现四个现代化是一场深刻的伟大的革命。在这场伟大的革命中，我们是在不断地解决新的矛盾中前进的。"[2] 深刻阐明了在矛盾解决中推动国家发展的观点。在《四项基本原则》中论及社会矛盾时，邓小平在

---

[1] 邓小平. 邓小平文选：第2卷[M]. 北京：人民出版社，1994：150.
[2] 邓小平. 邓小平文选：第2卷[M]. 北京：人民出版社，1994：152-153.

继承毛泽东关于社会主义社会基本矛盾的观点基础上,对现存主要矛盾进行了进一步说明,"也就是目前时期全党和全国人民所必须解决的主要问题或中心任务……我们的生产力发展水平很低,远远不能满足人民和国家的需要,这就是我们目前时期的主要矛盾,解决这个主要矛盾就是我们的中心任务"①,切实将矛盾理论与具体实际相结合。在论及国际形势时,邓小平指出"世界上矛盾多得很,大得很,一些深刻的矛盾刚刚暴露出来。我们可利用的矛盾存在着,对我们有利的条件存在着,机遇存在着,问题是要善于把握"②,强调要正视矛盾的存在,把握矛盾的规律,并加以运用推动发展。

党和人民是推动中国发展的主体力量。邓小平始终坚持唯物史观,在不同阶段始终强调"推动历史前进的力量是人民"③。在新民主主义革命时期,邓小平专门强调了发动群众的重要性,指出"唯有这样,才能锻炼群众,发挥伟大的力量。同时,必须注意群众的教育,特别是使群众从自己的经验中相信我们主张的正确。任何脱离群众、不问群众态度如何的干法,必然要失败的"④,阐明了人民群众蕴含的强大力量。在社会主义革命和建设时期,邓小平专门强调了工人阶级的力量,指出"工人阶级必须依靠本阶级的群众力量和全体劳动人民的群众力量,才能实现自己的历史使命——解放自己,同时解放全体劳动人民。人民群众的觉悟性、积极性、创造性

---

① 邓小平. 邓小平文选:第2卷[M]. 北京:人民出版社,1994:182.
② 邓小平. 邓小平文选:第3卷[M]. 北京:人民出版社,1993:354.
③ 邓小平. 邓小平文选:第2卷[M]. 北京:人民出版社,1994:43.
④ 邓小平. 邓小平文选:第1卷[M]. 北京:人民出版社,1994:58.

愈是发展，工人阶级的事业就愈是发展"①，点明了人民群众是推动工人阶级事业发展的主体力量。在改革开放和社会主义现代化建设时期，邓小平强调了凝聚人民力量的关键意义，指出"新时期统一战线和人民政协的任务，就是要调动一切积极因素，努力化消极因素为积极因素，团结一切可以团结的力量，同心同德，群策群力，维护和发展安定团结的政治局面，为把我国建设成为现代化的社会主义强国而奋斗"②，再次强调了人民群众作为主体力量推动中国发展的关键价值。总的来说，邓小平始终坚持"群众是我们力量的源泉，群众路线和群众观点是我们的传家宝"③。与此同时，邓小平还强调了党对人民群众的领导、组织、凝聚作用，指出"只要我们党的领导是正确的，那就不仅能够把全党的力量，而且能够把全国人民的力量集合起来，干出轰轰烈烈的事业"④。邓小平还阐明了党和人民群众的血肉联系，指出"社会主义现代化建设的极其艰巨复杂的任务摆在我们的面前。很多旧问题需要继续解决，新问题更是层出不穷。党只有紧紧地依靠群众，密切地联系群众，随时听取群众的呼声，了解群众的情绪，代表群众的利益，才能形成强大的力量，顺利地完成自己的各项任务"⑤，这就充分肯定了党和人民紧密相连，组成推动中国发展的强大主体力量。

---

① 邓小平. 邓小平文选：第1卷［M］. 北京：人民出版社，1994：217.
② 邓小平. 邓小平文选：第2卷［M］. 北京：人民出版社，1994：187.
③ 邓小平. 邓小平文选：第2卷［M］. 北京：人民出版社，1994：368.
④ 邓小平. 邓小平文选：第2卷［M］. 北京：人民出版社，1994：267.
⑤ 邓小平. 邓小平文选：第2卷［M］. 北京：人民出版社，1994：342.

思想政治工作是团结凝聚力量的重要方式。邓小平高度重视思想政治工作的重要意义，面对不同群体多次强调思想政治工作作为团结凝聚力量的重要方式的关键价值。面对军队，邓小平指出"政治工作的基本内容是提高军队的战斗力……需要灌输以民族的爱国的思想，提高其民族自信心与自尊心……更要激励民族气节……树立必胜信念"①，点明了思想政治工作的重要内容、开展方式和功能价值。面对科学技术人员，邓小平强调"我们今天进行社会主义的现代化建设，向科学技术现代化进军，政治工作的重要任务，就应该是使每个科学技术人员都了解他所从事的科学技术工作同实现四个现代化的伟大目标的关系，鼓舞和动员他们以革命的精神，和衷共济，大力协同，努力攻克科学堡垒，攀登科学高峰"②，在肯定思想政治工作具备的个体动力激发功能的基础上，突出强调了其主体力量协同凝聚的重要价值。在《四项基本原则》中，邓小平阐明了思想理论工作的任务，指出"实现四个现代化的伟大前景激动着、鼓舞着、引导着我们全党、全军和全国各族人民。广大干部、群众都在争着为这个光明前途贡献力量。在这个时期，思想理论工作战线的任务特别重大……使党的思想理论工作者对形势、任务、党的方针政策和自己的工作的认识提高一步，更紧密地团结在党中央的周围，并且通过你们的卓有成效的工作，把全国各族人民更紧密地

---

① 邓小平. 邓小平文选：第1卷 [M]. 北京：人民出版社，1994：25.
② 邓小平. 邓小平文选：第2卷 [M]. 北京：人民出版社，1994：99.

团结在中国共产党的周围"①,进一步阐明了思想政治工作是激发个体力量和凝聚团体力量统一的重要方式。

梳理邓小平从矛盾、人民群众、思想政治工作等方面关于内生动力的相关重要论述,能够聚焦不同视域分析其具备的内生动力功能属性和运行方式,为认识把握思想政治教育内生动力的要素构成奠定了基础。

三、江泽民的相关重要论述

党的十三届四中全会以来,江泽民围绕中国建设发展实际提出了一系列重要论述。其中主体精神蕴含着推动发展的本质力量、改革创新是推动发展的强大动力、精神文明建设为中国发展提供精神动力和智力支持等观点,为研究思想政治教育内生动力提供了理论指导。

主体精神蕴含着推动发展的本质力量。江泽民高度重视人民群众的主体地位,充分肯定了其历史创造者的角色定位,突出强调了其精神意志蕴含的强大力量。关于人民群众的动力属性,江泽民指出:"人民,只有人民,才是创造历史的真正动力,人民是我们事业发展取之不尽的力量源泉。正是因为紧紧依靠人民,我们的党和国家才能够不断书写革命、建设、改革的伟大史诗。"② 在回顾和总结历史经验的基础上,江泽民再次强调和确证了人民群众的历史主体

---

① 邓小平. 邓小平文选:第2卷[M]. 北京:人民出版社,1994:183-184.
② 江泽民. 江泽民文选:第2卷[M]. 北京:人民出版社,2006:228.

地位及其蕴含的能动力量。同时，江泽民肯定了人民群众中领导者的关键价值，指出"领导者代表人民的利益，站在时代发展的前列，对历史的航向、国家的命运发挥着重要作用"①，并阐明了党作为领导者与人民群众的血肉联系，强调党要"既善于通过提出和贯彻正确的理论路线带领群众前进，又善于从群众的实践创造和发展要求中获得前进动力"②，在此基础上，党要紧紧依靠人民，"善于向群众学习，向实践学习，在人民群众的伟大实践中找到前进的动力和正确决策的依据"③，发掘和组织人民群众蕴含的促进历史演进变革的磅礴动力。此外，江泽民还强调了人民群众的精神意志对其主体动力发挥的促进作用，指出"我们中国共产党人的历史责任……为我国经济发展和社会全面进步开辟更加广阔的道路，提供更加强大的动力和保证"④；"伟大的爱国热情将会转化为举国上下更加团结一致、共图祖国富强的强大动力"⑤；"人民对安宁幸福生活的渴望比任何时候都要强烈。这为世界向着光明的目标前进提供了重要条件和根本动力"⑥；"民族精神，是中华民族五千多年来生生不息、发展壮大的强大精神动力，也是中国人民在未来岁月里薪火相传、继往开来的强大精神动力"⑦，着眼历史责任、爱国热情、生活渴

---

① 江泽民. 江泽民文选：第1卷[M]. 北京：人民出版社，2006：499.
② 江泽民. 江泽民文选：第3卷[M]. 北京：人民出版社，2006：541.
③ 江泽民. 江泽民文选：第2卷[M]. 北京：人民出版社，2006：577.
④ 江泽民. 江泽民文选：第1卷[M]. 北京：人民出版社，2006：163.
⑤ 江泽民. 江泽民文选：第2卷[M]. 北京：人民出版社，2006：324.
⑥ 江泽民. 江泽民文选：第3卷[M]. 北京：人民出版社，2006：307.
⑦ 江泽民. 江泽民文选：第3卷[M]. 北京：人民出版社，2006：401.

<<< 第二章 思想政治教育内生动力的理论渊源

望、民族精神等阐明了人民群众的精神意志能够激发其主观能动性，进而迸发创造历史、推动发展的强大动力。

改革创新是推动发展的强大动力。江泽民立足党和国家事业发展大局，总结改革开放以来中国特色社会主义建设经验，提出"在社会主义的发展动力问题上，强调改革也是一场革命，也是解放生产力，是中国现代化的必由之路，僵化停滞是没有出路的"[1]，明确了改革是推动社会主义发展的关键力量。在此基础上，江泽民接续回答了改革作为动力如何推动社会进步这一问题，指出"改革是经济社会发展的强大动力，是为了进一步解放和发展生产力……它的决定性作用不仅在于解决当前经济社会发展中的一些重大问题，推进社会生产力的解放和发展，还要为下世纪我国经济持续发展和国家长治久安打下坚实的基础"[2]，阐明了改革推动我国经济社会发展的动力效能。同时，江泽民立足于党和国家事业全局，聚焦改革、发展、稳定的辩证关系，强调了改革在其中的关键作用，指出"改革是动力，发展是目标，稳定是前提。没有改革，我们就不可能走出一条建设有中国特色社会主义的正确道路，我们的事业就不可能顺利前进"[3]，这就充分明确了改革是社会主义实现自我完善和发展的根本途径和内生动力。此外，创新是改革的重要表现形式和突出成果，江泽民在不同场合多次强调，"创新是一个民族进步的灵魂，

---

[1] 江泽民. 江泽民文选：第1卷[M]. 北京：人民出版社，2006：219.
[2] 江泽民. 江泽民文选：第1卷[M]. 北京：人民出版社，2006：461.
[3] 江泽民. 江泽民文选：第1卷[M]. 北京：人民出版社，2006：365.

是一个国家兴旺发达的不竭动力"①,切实阐明了创新具备的动力属性及其推动促进效果的可持续性。

精神文明建设为中国发展提供精神动力和智力支持。在社会主义市场经济建设过程中,江泽民揭示了物质文明和精神文明的辩证关系,指出"物质文明和精神文明都搞好,才是有中国特色的社会主义"②,并指明了建设发展的目标方向,提出"坚持物质文明和精神文明两手抓,是贯穿社会主义现代化建设全过程的重要战略方针"③,同时,在此基础上阐明了精神文明建设的特有价值,强调"越是大力发展社会主义市场经济,越要切实加强精神文明建设,繁荣教育、科学、文化事业,加强人民正确的思想道德武装,弘扬崇高的民族正气,维护良好的社会秩序和社会风尚。这样才能为物质文明建设提供强大动力和重要保证,才能确保有中国特色社会主义事业全面发展"④。此外,江泽民还专门强调了精神文明缺失的危害,强调"如果只讲金钱、只讲物质利益,而不讲理想、不讲精神动力,干部群众就会失去共同的奋斗目标,失去凝聚力,失去前进的创造力"⑤,再次阐明了社会主义市场经济发展过程中精神文明建设的关键价值。此外,江泽民还强调了精神文明建设中思想政治工作的重要作用,指出"党的思想政治工作所以成为经济工作和其他

---

① 江泽民. 江泽民文选:第1卷 [M]. 北京:人民出版社,2006:432.
② 江泽民. 江泽民文选:第1卷 [M]. 北京:人民出版社,2006:238.
③ 江泽民. 江泽民文选:第1卷 [M]. 北京:人民出版社,2006:364.
④ 江泽民. 江泽民文选:第1卷 [M]. 北京:人民出版社,2006:364.
⑤ 江泽民. 江泽民文选:第1卷 [M]. 北京:人民出版社,2006:577.

一切工作的生命线，这是由它的职能和作用决定的"①，并对思想政治工作的职能作用做了具体说明，指出"只有充分发挥党的思想政治工作这一政治优势，才能保证经济工作和其他一切工作的正确发展方向……才能巩固和发展全国各族人民共同奋斗的思想政治基础，从而为经济工作和其他一切工作提供强大的动力和保证"②，阐明了精神文明建设特别是思想政治工作具备的推动和促进经济社会发展的动力功能。

江泽民关于主体精神、改革创新、精神文明建设的重要论述，从内源性视角探讨了推动中国特色社会主义事业发展的动力构成及其作用方式，为认识把握思想政治教育内生动力的构成要素和运行机制奠定了基础。

四、胡锦涛的相关重要论述

党的十六大以来，胡锦涛围绕中国特色社会主义建设实践提出了一系列重要论述。其中胡锦涛关于人民群众的精神意志、社会实践是推动经济社会发展的重要动力以及关于发展内在动力的重要论述，为研究思想政治教育内生动力提供了理论指导。

人民群众及其精神意志是推动经济社会发展的重要动力。胡锦涛一以贯之延续党的正确认识，坚持"人民是创造历史的根本动力"这一唯物史观的基本观点，并结合人民群众在中国特色社会主义建

---

① 江泽民. 江泽民文选：第3卷 [M]. 北京：人民出版社，2006：84.
② 江泽民. 江泽民文选：第3卷 [M]. 北京：人民出版社，2006：84.

设中的伟大实践，对"根本动力"做了具体阐释，点明"中国最广大人民群众是建设中国特色社会主义事业的主体，是先进生产力和先进文化的创造者，是社会主义物质文明、政治文明、精神文明协调发展的推动者"①，阐明了人民群众具备的创造历史、促进发展的动力功能。在此基础上，胡锦涛还从不同方面提出了人民群众的精神意志内含的动力属性。关于理想，胡锦涛深刻认识到理想对于个人以至社会的推动作用，面向青少年强调，"推进新世纪大业，就要从小树立远大理想。理想是人生的太阳，是催人奋进的动力"②，面向广大人民指出，"正确的理想是推动社会进步的重要动力，也是人们知难而进、走向成功的重要精神支柱"③，深刻阐明了理想作为人的精神意志经由主体推动社会发展进步的功能作用。关于民族精神，胡锦涛揭示了民族精神的动力蕴涵，指出"以爱国主义为核心的民族精神，是中华民族五千多年生生不息、发展壮大的强大精神支撑，是我国各民族世世代代自强不息、团结奋斗的牢固精神纽带，是我们不断开辟新征程、开创新未来的不竭精神动力"④，阐明了民族精神在维系和凝聚中华民族的同时，激发和提供推动民族发展的强大动力。总的来说，胡锦涛着眼人民群众及其精神意志，深刻认识并阐明了其具备的动力蕴涵。

人民群众在社会实践中推动经济社会发展。胡锦涛在肯定人民

---

① 胡锦涛. 胡锦涛文选：第2卷［M］. 北京：人民出版社，2016：140.
② 胡锦涛. 胡锦涛文选：第1卷［M］. 北京：人民出版社，2016：435.
③ 胡锦涛. 胡锦涛文选：第1卷［M］. 北京：人民出版社，2016：367.
④ 胡锦涛. 胡锦涛文选：第3卷［M］. 北京：人民出版社，2016：84.

群众及其精神意志动力功能的同时，强调了人民群众不同形式的丰富实践具备的动力作用。关于改革，胡锦涛再次肯定"改革是发展的动力，是我们走向现代化的必由之路"①，并结合社会主义市场经济建设实践，指出"要坚持解放思想、实事求是，敢于攻坚、锐意进取，坚持社会主义市场经济的改革方向，加大改革力度，着重推进体制创新，争取在一些关键领域和重要环节上取得突破，为经济社会发展提供强大动力和体制保证"②，强调了人民群众在改革实践中推动经济社会发展的动力展现。关于先进文化，胡锦涛揭示了其本身具备的动力功能，指出"先进文化是人类文明进步的结晶，它影响人的精神和灵魂，引导人们积极向上，是推动人类社会前进的精神动力和智力支持"③，并强调"建设先进文化，既满足人们日益增长的文化生活的需要，又为生产力发展提供精神动力和智力支持"④，阐明了广大人民经过奋斗实践促进先进文化建设从而提供精神力量的动力生成过程。关于创新，胡锦涛再次强调了"创新是一个民族进步的灵魂，是一个国家兴旺发达的不竭动力"⑤，并以科技创新为例指出，"要坚持把科技创新作为经济发展的内生动力，以科技创新支撑引领产业发展，加快经济发展方式转变和经济结构调整，增强发展的平衡性、协调性、可持续性"⑥，阐明了人民群众在创新

---

① 胡锦涛. 胡锦涛文选：第1卷[M]. 北京：人民出版社，2016：530.
② 胡锦涛. 胡锦涛文选：第2卷[M]. 北京：人民出版社，2016：371.
③ 胡锦涛. 胡锦涛文选：第1卷[M]. 北京：人民出版社，2016：429.
④ 胡锦涛. 胡锦涛文选：第1卷[M]. 北京：人民出版社，2016：433.
⑤ 胡锦涛. 胡锦涛文选：第1卷[M]. 北京：人民出版社，2016：326.
⑥ 胡锦涛. 胡锦涛文选：第3卷[M]. 北京：人民出版社，2016：599.

实践中推动经济社会发展的动力展现。关于矛盾，胡锦涛坚持唯物史观，指出"矛盾运动是社会发展的基本动力，这是马克思主义的一个基本道理"①，并结合社会主义和谐社会建设阐明了矛盾解决的动力作用体现，点明"构建社会主义和谐社会的过程，就是在妥善处理各种矛盾中不断前进的过程，就是不断消除不和谐因素、不断增加和谐因素的过程"②，揭示了人民群众的矛盾解决实践推动经济社会发展的动力蕴涵。

重视和发掘事物发展的内在动力。胡锦涛深刻认识到内在动力对于事物发展的关键价值，并强调要发掘事物发展的内在动力，充分发挥其作用。关于内在动力的关键价值，胡锦涛聚焦人才群体进行了具体阐释，强调"要激发各类人才自我提高的内在动力，使广大人才都懂得，只要胸怀理想、志存高远、锐意进取、艰苦奋斗，一步一个脚印朝着事业目标前进，就能够干出骄人业绩"③，阐明了内在动力的内源性特点和持续有效激励的功能作用。关于内在动力的发掘调动，胡锦涛结合中国特色社会主义建设的各项具体工作进行了阐释。聚焦经济建设，胡锦涛指出"倡导包容性增长，增强经济发展内生动力……我们应该坚持优先开发人力资源的指导方针，实施有利于充分就业的发展战略，提高全体劳动者素质和能力，加快构建可持续发展的社会保障体系，真正做到发展为了人民、发展

---

① 胡锦涛. 胡锦涛文选：第2卷[M]. 北京：人民出版社，2016：294.
② 胡锦涛. 胡锦涛文选：第2卷[M]. 北京：人民出版社，2016：294.
③ 胡锦涛. 胡锦涛文选：第3卷[M]. 北京：人民出版社，2016：396-397.

依靠人民、发展成果由人民共享"①，从人民主体出发阐明了经济建设内在动力的发掘和增强。聚焦制度改革，胡锦涛着眼老工业基地的调整改造，指出"要坚持社会主义市场经济的改革方向，自觉消除不利于经济发展和调整改造的体制性障碍，真正使市场在资源配置中起基础性作用，形成新的经济增长机制，增强老工业基地调整改造内在动力"②，阐明了激发调动内在动力的具体形式和路径方式。聚焦区域协调，胡锦涛指出"要鼓励和支持企业特别是上下游企业在区域内开展更大范围的分工合作，形成区域互补共生、互惠互利的合作关系，促进以资源有效配置和整体利益最大化为基础的区域专业化分工格局，增强区域协调发展内在动力"③，从分工合作视角揭示了区域协调发展内在动力发掘的有效路径。

胡锦涛关于人民群众精神意志、主体实践的动力观点以及内在动力的相关论述，从主体性和内源性视角深入探讨了经济社会发展动力的要素构成、作用机制以及发掘路径，为认识把握思想政治教育内生动力的丰富内涵奠定了基础。

五、习近平的相关重要论述

党的十八大以来，习近平立足新时代党和国家事业发展新变化、围绕治国理政提出了一系列重要思想理论。其中习近平关于内生动

---

① 胡锦涛．胡锦涛文选：第3卷［M］．北京：人民出版社，2016：449.
② 胡锦涛．胡锦涛文选：第2卷［M］．北京：人民出版社，2016：164.
③ 胡锦涛．胡锦涛文选：第2卷［M］．北京：人民出版社，2016：574.

力的系统论述阐明了经济社会发展中内生动力的重要价值、主要构成和发掘方式，对深入理解把握思想政治教育内生动力提供了理论指导。

阐明内生动力的重要价值。习近平高度肯定了内生动力对事物发展的关键意义，从不同方面阐释了内生动力的重要价值。第一，内生动力是经济社会发展坚强的动力保证。习近平在亚太经合组织工商领导人峰会上首次指出，"我对中国经济发展前景充满信心……信心来自中国经济的强劲内生动力"①，在二十国集团领导人第十次峰会等场合多次强调，内生动力是中国经济社会发展信心的重要来源。此外，习近平也强调内生动力不足是阻碍经济发展的关键问题，他在世界经济论坛2017年年会上指出，"当前，中国经济面临一定的下行压力和不少困难，如产能过剩和需求结构升级矛盾突出，经济增长内生动力不足"②，以问题危害阐明了内生动力对于经济社会发展的关键价值。第二，内生动力是国家合作的坚实基础和重要保障。习近平多次在分析国家合作关系时谈及内生动力，如"中澳合作内生动力充足，战略意涵突出，现实基础深厚，发展前景广阔"③，"中俄发展全面战略协作伙伴关系，既有坚定的政治共识，

---

① 习近平出席亚太经合组织工商领导人峰会并发表重要演讲　对中国经济发展前景充满信心　共建引领世界惠及各方造福子孙的美好亚太［N］. 人民日报，2013-10-08（1）.
② 习近平. 共担时代责任　共促全球发展：在世界经济论坛2017年年会开幕式上的主旨演讲［N］. 人民日报，2017-01-18（3）.
③ 习近平在澳大利亚媒体发表署名文章　开创中澳关系更加精彩新篇章［N］. 人民日报，2014-11-15（1）.

也有坚实的民意基础,还有强大的内生动力"①等,阐明了内生动力是国家之间稳定合作关系的重要基石,是推动合作发展的有力支撑和重要保障。第三,内生动力是自身发展中稳定持续的强大动力。习近平在谈到国有企业发展问题时指出,"政府的作用更多体现在支持、扶持、杠杆作用,但没有现成的'金娃娃'摆在那里。这种情况下,国有企业要'借东风',激发内生动力,在竞争中增强实力"②,阐明与外在支持相比,内生动力是支撑自身稳定持续发展的关键动力。在经济发展方面,习近平强调"中国经济平稳健康可持续发展具备充足支撑条件",其中的关键一项就是"内生动力,中国经济增长主要靠内需拉动,2018年内需对经济增长贡献率达108.6%,其中最终消费贡献率达76.2%"③,阐明了以内需为代表的内生动力对中国经济可持续发展的关键支撑作用。在脱贫攻坚工作方面,习近平指出"要加强扶贫同扶志扶智相结合,让脱贫具有可持续的内生动力"④,从主体角度强调了通过扶志和扶智激发内生动力,从而获得稳定可持续的动力支持。

揭示内生动力的主要构成。习近平在阐明内生动力重要价值的同时,从不同方面阐释了内生动力包含的内容要素,深刻揭示了内

---

① 习近平会见俄罗斯总理梅德韦杰夫 [N]. 人民日报,2015-05-10 (1).
② 打好全面建成小康社会决胜之战:习近平总书记同出席全国两会人大代表、政协委员共商国是纪实 [N]. 人民日报,2016-03-16 (1).
③ 习近平接受俄罗斯主流媒体联合采访 [N]. 人民日报,2019-06-05 (1).
④ 习近平在重庆考察并主持召开解决"两不愁三保障"突出问题座谈会时强调 统一思想一鼓作气顽强作战越战越勇 着力解决"两不愁三保障"突出问题 [N]. 人民日报,2019-04-18 (1).

生动力的主要构成。第一，人民是历史进步的真正动力。习近平突出强调以人民为中心的发展思想，指出"人民立场是马克思主义政党的根本政治立场，人民是历史进步的真正动力，群众是真正的英雄，人民利益是我们党一切工作的根本出发点和落脚点"①，阐明了人民群众是创造历史的内生动力。习近平强调"始终坚持为了人民、依靠人民，尊重人民群众主体地位和首创精神，把人民群众中蕴藏着的智慧和力量充分激发出来，就一定能够不断创造出更多令人刮目相看的人间奇迹"②，阐明了人民群众在智慧和力量发挥中推动发展，成为内生动力的主体构成。第二，人民群众的精神意志具有强大动力作用。除了人民群众本身，习近平还阐明了人民群众的精神意志具备的动力蕴涵。关于人民向往，习近平强调"中国人民对美好生活的向往，是中国发展最大内生动力，是一个必然的历史趋势，谁想阻挡这个历史趋势，中国人民不会答应，也根本阻挡不了"③。关于奋斗目标，习近平指出"我们确定了'两个一百年'的奋斗目标，提出了实现中华民族伟大复兴的中国梦，实现这些目标必将给中国经济源源不断注入新的活力和动力"④。关于理想信念，习近平强调"青年的理想信念关乎国家未来。青年理想远大、信念坚定，

---

① 习近平．习近平谈治国理政：第 2 卷［M］．北京：外文出版社，2017：189．
② 习近平．习近平谈治国理政：第 4 卷［M］．北京：外文出版社，2022：136．
③ 习近平同美国总统拜登举行视频会晤［N］．人民日报，2021-11-17（1）．
④ 习近平．习近平谈治国理政：第 1 卷［M］．北京：外文出版社，2018：113-114．

是一个国家、一个民族无坚不摧的前进动力"①。关于初心使命，习近平指出"中国共产党人的初心和使命，就是为中国人民谋幸福，为中华民族谋复兴。这个初心和使命是激励中国共产党人不断前进的根本动力"②。以向往期待、奋斗目标、理想信念、初心使命等为代表的人民群众的意志追求，给予人强大的内在精神支撑力量。与此同时，习近平还强调了"全国各族人民一定要弘扬伟大的民族精神和时代精神，不断增强团结一心的精神纽带、自强不息的精神动力，永远朝气蓬勃迈向未来"③，阐明了人民精神具备的维系凝聚作用和激励促进的内生动力功能。第三，内在需求是发展的基本动力。习近平指出"内需是中国经济发展的基本动力，也是满足人民日益增长的美好生活需要的必然要求"④，点明了内需具备的动力属性。习近平强调"中国不断拓展的内需和消费市场，将释放巨大需求和消费动力"⑤，从内源性角度阐明了内需作为具有推动促进作用的力量，是内生动力的重要构成。

提出内生动力的发掘方式。习近平在肯定内生动力重要价值、

---

① 习近平. 习近平谈治国理政：第 3 卷 [M]. 北京：外文出版社，2020：334.

② 习近平. 习近平谈治国理政：第 3 卷 [M]. 北京：外文出版社，2020：1.

③ 习近平. 习近平谈治国理政：第 1 卷 [M]. 北京：外文出版社，2018：40.

④ 习近平. 习近平谈治国理政：第 3 卷 [M]. 北京：外文出版社，2020：195.

⑤ 习近平. 习近平谈治国理政：第 1 卷 [M]. 北京：外文出版社，2018：345-346.

阐明内生动力主要构成的同时,提出了内生动力的发掘方式。第一,通过改革激发释放发展内生动力。习近平明确回答了"增长动力从哪里来?我的看法是,只能从改革中来,从调整中来,从创新中来"①,强调了改革是内生动力的重要来源和生成方式。习近平阐明了改革的规划部署,"中国正在制定全面深化改革的总体方案,总的是要统筹推进经济、政治、文化、社会、生态文明建设等领域的改革,努力破解发展过程中出现的难题,消除经济持续健康发展的体制机制障碍,通过改革为经济发展增添新动力"②,指明了改革的重点和关键,强调在改革中增添发展内生动力。此外,习近平指出"供给侧结构性改革本质是一场改革,要用改革的办法推进结构调整,为提高供给质量激发内生动力、营造外部环境"③,阐明了供给侧结构性改革的重要方式,强调在结构调整中释放内生动力。第二,依托创新增强发展内生动力。习近平继续坚持党对创新的重要认识,再次强调"创新是一个民族进步的灵魂,是一个国家兴旺发达的不竭动力,也是中华民族最深沉的民族禀赋"④。习近平深刻认识到创新是内生动力的重要来源,强调"要不断提高创新能力,用创新培

---

① 习近平. 习近平谈治国理政:第1卷 [M]. 北京:外文出版社,2018:344.

② 习近平. 习近平谈治国理政:第1卷 [M]. 北京:外文出版社,2018:347.

③ 习近平主持召开中央全面深化改革领导小组第二十四次会议强调 坚定改革信心注重精准施策 提高改革效应放大制度优势 [N]. 人民日报,2016-05-21 (1).

④ 习近平. 习近平谈治国理政:第1卷 [M]. 北京:外文出版社,2018:59.

<<< 第二章 思想政治教育内生动力的理论渊源

育新兴产业,用创新发掘增长动力,用创新提升核心竞争力"①,阐明了依托创新增强发展的内生动力。习近平将创新上升到理念层面,并将其与动力问题对接,指出"创新发展注重的是解决发展动力问题……我们必须把创新作为引领发展的第一动力,把人才作为支撑发展的第一资源,把创新摆在国家发展全局的核心位置,不断推进理论创新、制度创新、科技创新、文化创新等各方面创新,让创新贯穿党和国家一切工作,让创新在全社会蔚然成风"②,阐明了创新激发内生动力的关键重点和重要方式。第三,开展思想政治工作激发主体内生动力。针对主体的内生动力,习近平强调切实发挥思想政治工作的功能作用,面对青年他强调,"青年人正处于学习的黄金时期,应该把学习作为首要任务,作为一种责任、一种精神追求、一种生活方式,树立梦想从学习开始、事业靠本领成就的观念,让勤奋学习成为青春远航的动力,让增长本领成为青春搏击的能量"③。在脱贫攻坚工作中,习近平强调"要通过表彰先进人物,在全社会宣传学习扶贫脱贫先进模范的事迹,弘扬社会主义核心价值观,弘扬无私奉献、扶危济困、自力更生、开拓创新精神,以动员

---

① 习近平. 习近平谈治国理政:第1卷[M]. 北京:外文出版社,2018:350.

② 习近平. 习近平谈治国理政:第2卷[M]. 北京:外文出版社,2017:198.

③ 习近平. 习近平谈治国理政:第1卷[M]. 北京:外文出版社,2018:51.

更多力量参与扶贫并激发贫困群众脱贫内生动力"①,阐明了通过思想政治工作激发调动贫困群众的主体内生动力。习近平还高度重视中国精神的引领作用,以长征精神为例强调"要牢记伟大长征精神、学习伟大长征精神、弘扬伟大长征精神,使之成为我们党、我们国家、我们人民、我们军队、我们民族不断走向未来的强大精神动力"②,阐明了精神引领的思想政治工作是主体内生动力发掘的重要方式。

习近平关于内生动力的重要思想理论对经济社会发展中内生动力的重要价值、主要构成和发掘方式做了系统阐述,内涵丰富、思想深刻,对于全面开展思想政治教育内生动力的系统研究具有关键的思维启发意义和理论指导价值。

第三节 相关学科关于内生动力的思想理论

内生动力是各学科共同关注和研究的重要课题。从不同视角出发,各学科聚焦内生动力形成了丰富的思想理论,拓展了内生动力研究的广度和深度,提供了深入理解思想政治教育内生动力可资借

---

① 习近平对全国脱贫攻坚奖表彰活动作出重要指示强调 万众一心 埋头苦干 切实把精准扶贫精准脱贫落到实处[N].人民日报,2016-10-17(1).

② 习近平.习近平谈治国理政:第2卷[M].北京:外文出版社,2017:57.

鉴的理论资源。

一、社会学视域下社会发展动力理论

关于社会发展动力的研究是社会学形成发展过程中持续关注和探讨的重要课题，不同研究者提出了各自的认识和看法，形成了社会发展动力的丰富理论，对于本书从整体动力视角认识理解思想政治教育内生动力提供了理论借鉴。

社会学家们关于社会发展动力的多维认识。奥古斯特·孔德（Isidore Marie Auguste Francois Xavier Comte）的实证主义思想在社会发展动力方面形成了社会动力学。孔德从人类自身出发，探讨了人类认识的发展过程，提出"我们所有的思辨，无论是个人的或是群体的，都不可避免地先后经历了三个不同的理论阶段，通常称之为神学阶段、形而上学阶段和实证阶段"[1]。在此基础上，"根据'人类智力发展的根本规律'（前述三阶段法则），孔德将人类社会变迁与进步的历史进程分为三个阶段：军事阶段、过渡阶段、工业阶段"[2]。由此，孔德将人类认识和人类社会发展串联起来，把人类认识发展视为人类社会发展的根本动力。这一观点虽然立足于唯心主义，但其对社会发展中人的重视值得肯定和借鉴。赫伯特·斯宾塞（Herbert Spencer）将"进化"作为社会发展的基本出发点，他提出

---

[1] 孔德. 论实证精神 [M]. 黄建华, 译. 北京: 商务印书馆, 2001: 1.
[2] 侯钧生. 西方社会学理论教程: 第4版 [M]. 天津: 南开大学出版社, 2017: 31.

"'进化'是物体的一种集成,这种集成又随运动而分散,在这个集成与分散的过程中,物体由不确定的、分散的同质状态发展到确定的、凝聚的异质状态"①。斯宾塞在"一篇论文《进步:它的规律和原因》中,他又提出了普遍进化论的法则:'宇宙间一切都在进化。'上自天体的形成,下至物种、人种的起源,从无机界到有机界,从自然领域到人类社会,均受进化规律的支配"②。斯宾塞"在谈到人类进化的原动力时指出,'优胜劣汰,物竞天择'是自然和社会进化的动力原则。社会进化的过程,正如生物进化过程一样,生存竞争的原则是起着支配作用的"③。斯宾塞的社会进化论以竞争中的进化解释人类社会的发展过程,为理解社会发展动力提供了有益的思路借鉴。

埃米尔·涂尔干(Émile Durkheim)以社会分工解释社会的存在与发展,提出"分工的作用不仅限于改变和完善现有的社会,而是使社会成为可能,也就是说,没有这些功能,社会就不可能存在"④。在此基础上,涂尔干阐述了社会分工推动社会发展的功能体现,指出"社会的凝聚性是完全依靠,或至少主要依靠劳动分工来

---

① 侯钧生.西方社会学理论教程:第4版[M].天津:南开大学出版社,2017:37.
② 侯钧生.西方社会学理论教程:第4版[M].天津:南开大学出版社,2017:37.
③ 侯钧生.西方社会学理论教程:第4版[M].天津:南开大学出版社,2017:38-39.
④ 涂尔干.社会分工论:第2版[M].渠东,译.北京:生活·读书·新知三联书店,2013:24.

维持的，社会构成的本质特性也是由分工决定的……如果分工的功能确是如此的话，它就必然具有一种道德属性。一般而言，正因为分工需要一种秩序、和谐以及社会团结，所以它是道德的"①。同时，涂尔干还揭示了社会分工发展的原因，提出"社会容量和社会密度是分工变化的直接原因，在社会发展的过程中，分工之所以能够不断进步，是因为社会密度的恒定增加和社会容量的普遍扩大"②。总体而言，在阐明价值和原因的基础上，涂尔干通过社会分工解释社会的发展变化，提出的理论为从社会内部理解发展动力提供了借鉴。马克斯·韦伯（Max Weber）聚焦社会行动理解社会发展，概括而言"社会行动意指具有主观意义的且涉及他人的行动"③。韦伯根据合理与否及其程度将社会行动分为工具理性的行动、价值理性的行动、情绪的行动、传统的行动。④ 工具理性的行动"决定于对客体在环境中的表现和他人的表现的预期；行动者会把这些预期用作'条件'或者'手段'，以实现自身的理性追求和特定目标"⑤，韦伯指出在这一行动开展过程中实现社会的发展

---

① 涂尔干. 社会分工论：第 2 版 [M]. 渠东，译. 北京：生活·读书·新知三联书店，2013：26-27.
② 涂尔干. 社会分工论：第 2 版 [M]. 渠东，译. 北京：生活·读书·新知三联书店，2013：219.
③ 侯钧生. 西方社会学理论教程：第 4 版 [M]. 天津：南开大学出版社，2017：119.
④ 韦伯. 经济与社会：第 1 卷 [M]. 阎克文，译. 上海：上海人民出版社，2009：114.
⑤ 韦伯. 经济与社会：第 1 卷 [M]. 阎克文，译. 上海：上海人民出版社，2009：114.

进步。

社会学家们基于不同视角对社会发展动力的认识和探索,在提供内生动力研究范式借鉴的同时,为深入理解思想政治教育内生动力的丰富内涵、内容要素以及作用方式等提供了理论参考。

二、教育学视域下教育发展动力理论

教育发展动力是教育学关注和研究的一个重要问题,研究着力从动力因素或机制的角度来审视和探讨教育领域的发展变化,对于本书从教育一般性视角认识研究思想政治教育内生动力具有借鉴参考意义。

内生动力作为教育发展动力的重要构成得到系统研究。对教育发展动力的探讨,首先建立在教育发展动力是一个合力系统的基础上,"教育动力系统是一个多因素、多层次、多方面构成的有机结构体系……教育动力是各种作用力组成的合力系统"[1]。基于教育发展动力的多维性,按照动力来源划分,教育发展动力大致可以分成外动力和内动力两部分。教育发展内动力以独立的部分得到关注和研究,在价值发掘中其关键地位得以确证,"环境合力作用不管有多大,但毕竟只是教育发展的外因,而教育发展的内因只能是教育结构自身的矛盾运动,即教育外部环境的合力只能通过学校以及其他教育机构起作用"[2]。在此基础上,学者们对教育发展内动力的构成

---

[1] 王守恒. 教育动力论 [M]. 北京:人民教育出版社,1999:20-21.
[2] 王守恒. 教育动力论 [M]. 北京:人民教育出版社,1999:22.

要素开展了深入探讨。矛盾是教育发展内动力研究的整体切入点，着眼教育系统结构，其中"这些子系统的各自矛盾运动和互为反馈的性质等决定着教育动力系统的状态和协调程度，教育发展的内因就是这一自动力系统的矛盾运动"①。立足于当前时代背景和人才培养任务，聚焦高等教育具体领域，其面临的主要矛盾是："高等教育机构所能提供的教育机会与公民接受高等教育的需求日益增长之间的矛盾，对这对矛盾的协调和解决构成了我国高等教育发展的基本动力。"② 此外，需要是教育发展内动力的具体切入点，教育发展有其自律性，在需要"提出—满足—发展"的循环中实现发展。在这一过程中，"高等教育内在的运动和发展规律，使得它在一定的历史时期有可能与外界其他制约因素保持相对独立性，按照自身的运动特点演进着、发展着"③。总的来说，以矛盾、需要为代表的教育发展内动力受到广泛关注和探讨，在要素构成上不断拓展和深化。

教育改革既是教育发展的重要动力，也是其发展的关键环节。一方面，教育改革对于教育发展具有强大的推动作用，有学者强调："改革永远是教育发展的根本动力……深化教育改革创新、推动新时代教育改革发展，是实现新时代教育高质量发展的内在要求，也是教育自身提升发展的方向与路径。"④ 改革通过问题的揭示、需求的

---

① 王守恒. 教育动力论 [M]. 北京：人民教育出版社，1999：23.
② 房剑森. 高等教育发展论 [M]. 桂林：广西师范大学出版社，2001：100.
③ 房剑森. 高等教育发展论 [M]. 桂林：广西师范大学出版社，2001：113.
④ 樊伟. 推动新时代教育改革创新向纵深发展 [J]. 中国大学教学，2020（10）：4.

提出等推动教育发展进步,是教育内部具有强大推动促进作用的重要动力。另一方面,教育改革是教育发展的关键环节,在问题解决、矛盾协调、关系梳理、差距消除等改革过程中实现教育发展。有学者从差距消除的角度分析了教育改革的过程,提出"教育上的某些力量,起着引起或强化成就差距或个体或群体正在做的与决策者相信个体或群体应该做的之间的差距的作用。成就差距激励人们去寻找更好的满足需要的行为,也就是说,这种行为可以减少或消除实际的和期望的成就之间的差距。当寻找到可接受的行动路线,而且把这种行动付诸实施时,教育改革就发生了"[1]。在改革激发的动力作用下,在教育改革的实施过程中,逐步实现教育的发展进步。

教育发展动力理论对教育发展内动力的研究和探讨,从教育一般性角度探究了内生动力的丰富内涵、构成要素和作用方式等内容,为认识理解思想政治教育内生动力提供了理论借鉴。

三、心理学视域下动力心理理论

以罗伯特·伍德沃思(Robert Wooduorth)、威廉·麦独孤(William McDougall)等为代表性人物的动力心理学是心理学的重要分支,研究着力从动力或动机的角度来理解心理互动或行为表现的因果关系,对于本书从主体角度认识研究思想政治教育内生动力具有借鉴参考意义。

---

[1] 马健生. 教育改革动力研究:新制度主义的视角 [M]. 长春:吉林人民出版社,2005:153-154.

<<< 第二章 思想政治教育内生动力的理论渊源

  与外界刺激物相比，内在动机作为驱力更为重要。"驱力"（drive）问题是动力心理学研究的重要问题，伍德沃斯做了具体解释，"驱力问题涉及诱导我们做这件事的是什么。试以棒球运动中的投球手为例……所谓驱力问题，则包括诸如此类的这样一些问题：他为什么要参加这项运动，为什么他有时投得好、有时投得不好，为什么他在面对有些击球手时更振奋，等等"①，点明了心理学视角下的主体动力研究问题。在认识探索过程中，必然遇到的就是驱力的划分以及如何看待不同驱力的问题："我们能否成功地在驱力作为外界刺激物与内在动机作为驱力之间达成一致的理解？"② 这就形成了内生动力和外生动力的区分和比较，伍德沃斯对这两者有着鲜明的态度。对于以外界刺激物为代表的外生动力，伍德沃斯强调"如果任何神经中枢引起的活动都属于这一简单的反射类型，并只能由对当前的刺激物的直接反应所构成，那么，'驱力'这个概念就没多大意义了"③，在肯定外界刺激物具备的驱力功能的同时，阐明了外界刺激物在驱力构成中不占主要地位的观点。对于以内在动机为代表的内生动力，伍德沃斯认为"任何一个成年人个体，比如说一个站在我们面前准备接受测验的人，他自身内部必然包含着各种活动的巨大可能性……很明显，他自身内部包含着大量不同类型的驱动的力量

---

① 伍德沃斯. 动力心理学 [M]. 高申春, 高冰莲, 译. 北京：中国人民大学出版社, 2017：30.
② 伍德沃斯. 动力心理学 [M]. 高申春, 高冰莲, 译. 北京：中国人民大学出版社, 2017：31.
③ 伍德沃斯. 动力心理学 [M]. 高申春, 高冰莲, 译. 北京：中国人民大学出版社, 2017：32.

和有待被驱动的机制"①，突出了主体内部蕴含的强大驱动力量，在比较中强调了内生动力的重要价值和关键地位。

内生动力是人类行为的动力，具有丰富的内容要素。关于心理学中人类行为的动力，麦独孤首先对其进行了阐释，指出"心理学中对社会科学至关重要的部分是研究人类行为的动力，即研究维持身心活动和调节行为的冲动和动机"②。在此基础上，麦独孤对动力的内容要素进行了探讨，首先包含人类具有的先天性本能，同时问题也随之出现："本能冲动是人类进行思想和行动的唯一动力吗？"③除本能以外，麦独孤还提出了思想和行动的获得性的习惯的动力设想，在比较分析中得出了习惯源自并从属于本能的观点，认为"本能是所有人类活动最首要的直接或间接的动力……如果离开了具有强烈冲动的本能意向，有机体将不能够进行任何活动；就会像一台被拆去了发条的时钟，或灭了火的蒸汽机一样停滞不动"④，将本能确立为人类活动的动力。对于"强烈冲动的本能意向"的具体内容要素，麦独孤罗列了逃跑本能和恐惧情绪、反感本能和厌恶情绪、

---

① 伍德沃斯. 动力心理学［M］. 高申春，高冰莲，译. 北京：中国人民大学出版社，2017：37-38.
② 麦独孤. 社会心理学导论［M］. 俞国良，雷雳，张登印，译. 北京：北京大学出版社，2010：1-2.
③ 麦独孤. 社会心理学导论［M］. 俞国良，雷雳，张登印，译. 北京：北京大学出版社，2010：21.
④ 麦独孤. 社会心理学导论［M］. 俞国良，雷雳，张登印，译. 北京：北京大学出版社，2010：22.

好斗本能和愤怒情绪等多项内容。① 对于这一观点，伍德沃斯提出了疑问并进行了补充，指出"与麦独孤的本能概念所允许我们设想的相比，人类的各种先天动机作为一个系统，其空间要大得多"②。这里的先天动机包括人的感觉、情绪、反应、天性等，"它们构成了人类或动物生命中的原初动力，或者说是其行动力的最终源泉"③，阐明了内生动力的构成和地位。

动力心理学对于人类内在动力功能的肯定和内容的探索，从主体角度深化了内生动力研究，为深入理解思想政治教育内生动力的重要价值、功能作用、构成要素提供了理论借鉴。

---

① 麦独孤. 社会心理学导论［M］. 俞国良，雷雳，张登印，译. 北京：北京大学出版社，2010：23-45.
② 伍德沃斯. 动力心理学［M］. 高申春，高冰莲，译. 北京：中国人民大学出版社，2017：64.
③ 伍德沃斯. 动力心理学［M］. 高申春，高冰莲，译. 北京：中国人民大学出版社，2017：52.

第三章

思想政治教育内生动力的系统构成

　　思想政治教育的复杂性、互动性决定了其内生动力是一个多层次、结构化的系统。厘清不同类别内生动力的多元层次，明晰内生动力内部要素的复杂结构，是思想政治教育内生动力研究需要破解的关键问题。厘清思想政治教育内生动力的系统构成，将进一步立体化呈现内生动力在思想政治教育领域的丰富内涵，为明晰思想政治教育内生动力的形成机制及提升路径奠定了基础。

第一节　思想政治教育内生动力的根源核心

　　思想政治教育内生动力根本上源于内部的矛盾运动，这是遵循唯物辩证法科学规律并契合思想政治教育实际的理性观点。应立足矛盾构成事物发展根本动因的基础理论，结合思想政治教育内部矛盾的复杂性和特殊性，剖析这一矛盾运动基础上生成的发展革新力，抓住内生动力在思想政治教育领域的根源核心。

一、事物内部的矛盾性是事物发展的根本动因

唯物辩证法深刻揭示并阐明了事物发展的矛盾规律，提出矛盾是事物发展的根本动因。矛盾存在并贯穿于事物发展始终，在对立统一中持续产生内在推动的强大力量，促进事物的持续发展。

（一）矛盾存在并贯穿于事物发展始终

唯物辩证法充分肯定并详细阐明了矛盾具有的普遍性，这种普遍性体现在矛盾的无处不在和无时不有。一方面，"矛盾存在于一切事物的发展过程中"[1]。唯物辩证法深刻分析了一切事物中蕴含的对立统一关系，指出"自然界的（也包括精神的和社会的）一切现象和过程具有矛盾着的、相互排斥的、对立的倾向"[2]，明确揭示了矛盾的普遍存在性，充分肯定了矛盾无处不在。另一方面，"每一事物的发展过程中存在着自始至终的矛盾运动"[3]。唯物辩证法聚焦个体事物，以矛盾视角审视事物发展全程，深刻分析了矛盾运动与事物发展的内在关联，在厘清两者互动关系的基础上，阐明了矛盾贯穿事物发展始终的观点。恩格斯在《反杜林论》中以普遍个体的生命为例进行了阐释，指出"生命首先正是在于：生物在每一瞬间是它

---

[1] 毛泽东. 毛泽东选集：第1卷［M］. 北京：人民出版社，1991：305.
[2] 中共中央马克思恩格斯列宁斯大林著作编译局. 列宁全集：第55卷［M］. 北京：人民出版社，2017：306.
[3] 毛泽东. 毛泽东选集：第1卷［M］. 北京：人民出版社，1991：305.

自身，同时又是别的东西。所以，生命也是存在于物体和过程本身中的不断地自行产生并自行解决的矛盾；矛盾一停止，生命也就停止，死亡就到来"①。这就说明矛盾产生和解决的运动构成了事物的发展过程，没有矛盾就意味着发展的结束。不仅如此，恩格斯还进一步阐释了思维领域的矛盾运动，指出"在思维的领域中我们也不能避免矛盾，例如，人的内部无限的认识能力和这种认识能力仅仅在外部受限制的而且认识上也受限制的各个人身上的实际存在这二者之间的矛盾，是在至少对我们来说实际上是无穷无尽的、连绵不断的世代中解决的，是在无穷无尽的前进运动中解决的"②，深刻阐明了人的思维同样适用于这一观点，揭示了矛盾运动构成并推动人的认识能力发展，进一步确证了矛盾存在并贯穿事物发展始终。

（二）矛盾持续产生推动促进的内在力量

马克思主义从事物运动发展的状态出发，着力分析了矛盾在其中的推动促进作用，指出"无论什么事物的运动都采取两种状态，相对地静止的状态和显著地变动的状态。两种状态的运动都是由事物内部包含的两个矛盾着的因素互相斗争所引起的"③。从中可以看出，马克思主义指明了事物的绝对运动和相对静止都是矛盾斗争的结果。从事物内部的矛盾双方来看，事物在对立面的统一与斗争的

---

① 中共中央马克思恩格斯列宁斯大林著作编译局. 马克思恩格斯选集：第3卷 [M]. 北京：人民出版社，2012：498-499.
② 中共中央马克思恩格斯列宁斯大林著作编译局. 马克思恩格斯选集：第3卷 [M]. 北京：人民出版社，2012：499.
③ 毛泽东. 毛泽东选集：第1卷 [M]. 北京：人民出版社，1991：332.

相互转化中，不断生成推动自身发展的内在力量。马克思主义深刻揭示了对立面斗争和统一的突出特征，指出"对立面的统一（一致、同一、均势）是有条件的、暂时的、易逝的、相对的。相互排斥的对立面的斗争是绝对的，正如发展、运动是绝对的一样"①。在统一和斗争的转化过程中，在绝对的、无条件的斗争驱动下，矛盾持续促进事物的变革与发展。从整体来看，事物内部矛盾"产生—解决"的循环，持续生成内在的推动力量。正如恩格斯在《反杜林论》中强调的，"这种矛盾的连续产生和同时解决正好就是运动"②。矛盾在生成的同时就提出了矛盾解决的需要，在矛盾解决中依据关系协调、问题破解等方面实现事物发展，在这一过程中新的矛盾也随之孕育产生，主导推动着这新一轮的发展过程。在矛盾"产生—解决"的循环中，事物内部持续产生推动促进自身发展的强大力量。

（三）矛盾是事物发展的根本动因

马克思主义深刻揭示了事物内在矛盾性是发展的根本动力，这种根本性既体现在矛盾促进带动内部其他要素的变化发展，也彰显于外部因素通过内部矛盾发挥推动作用。一方面，矛盾对事物内部其他要素的促进带动作用。列宁在《谈谈辩证法问题》中探讨了两种基本的发展观点，"认为发展是减少和增加，是重复；以及认为发展是对立面的统一（统一物之分为两个互相排斥的对立面以及它们

---

① 中共中央马克思恩格斯列宁斯大林著作编译局. 列宁全集：第55卷［M］. 北京：人民出版社，2017：306.
② 中共中央马克思恩格斯列宁斯大林著作编译局. 马克思恩格斯选集：第3卷［M］. 北京：人民出版社，2012：498.

之间的相互关系）"①。在对前者的批驳中，列宁揭示了其形而上学发展观的本质，提出在这种发展中"它的动力、它的泉源、它的动因都被忽视了"②，深刻指出其谬误所在。在比较中，列宁充分肯定第二种观点将"主要的注意力正是放在认识'自己'运动的泉源上"③，着眼事物内部的对立统一关系，在相互作用中不断生成推动自身运动发展的根本力量，深刻体现了辩证的发展观。这就阐明了矛盾作为自身运动的泉源，促进带动内部其他要素变化演进，事物发展的根本动因得以展现。另一方面，矛盾对外部因素的吸收转化作用。马克思主义深刻剖析了外因推动事物发展的作用方式，进一步阐明了内因的根本性。正如毛泽东强调的，"任何事物内部都有这种矛盾性，因此引起了事物的运动和发展。事物内部的这种矛盾性是事物发展的根本原因，一事物和他事物的互相联系和互相影响则是事物发展的第二位的原因"④。在外部因素从属并通过内部矛盾发挥作用的关系揭示中，矛盾的根本动因地位得到进一步确证。

二、思想政治教育内部矛盾体系的构成及表现

系统把握矛盾构成事物发展根本动因这一理论观点，就将内生

---

① 中共中央马克思恩格斯列宁斯大林著作编译局. 列宁全集：第55卷 [M]. 北京：人民出版社，2017：306.
② 中共中央马克思恩格斯列宁斯大林著作编译局. 列宁全集：第55卷 [M]. 北京：人民出版社，2017：306.
③ 中共中央马克思恩格斯列宁斯大林著作编译局. 列宁全集：第55卷 [M]. 北京：人民出版社，2017：306.
④ 毛泽东. 毛泽东选集：第1卷 [M]. 北京：人民出版社，1991：301.

动力的研究视角聚焦到思想政治教育内部矛盾上。思想政治教育内部矛盾主要指内部要素之间的对立统一，呈现为包括基本矛盾、主要矛盾等多层次的矛盾体系。

（一）深刻把握思想政治教育基本矛盾的地位及蕴涵

随着思想政治教育理论和实践研究的持续探讨和深化，"一定社会发展的要求同人们实际的思想品德水准之间的矛盾"已经成为学界关于思想政治教育基本矛盾的共识。从根本上看，基本矛盾规定着思想政治教育矛盾体系的底层逻辑，其他矛盾从基本矛盾中衍生而来，是基本矛盾在思想政治教育各层面、各环节的具体体现。一方面，基本矛盾是思想政治教育内在本质的根本体现。我们聚焦领域内矛盾的研究，是因为"科学研究的区分，就是根据科学对象所具有的特殊的矛盾性。因此，对于某一现象的领域所特有的某一种矛盾的研究，就构成某一门科学的对象"[1]。这一特殊矛盾不仅构成我们的研究对象，更是思想政治教育"区别于其他研究领域的本质所在，而就思想政治教育内在系统自身而言又叫作思想政治教育的基本矛盾"[2]。因此，基本矛盾反映了思想政治教育的核心要义、根本任务和运行规律，彰显了内在的本质规定性。另一方面，基本矛盾贯穿和支撑思想政治教育发展全过程。解决基本矛盾既是开展思想政治教育的出发点也是落脚点，既是思想政治教育运行的逻辑起

---

[1] 毛泽东. 毛泽东选集：第1卷 [M]. 北京：人民出版社，1991：309.
[2] 张耀灿，郑永廷，吴潜涛，等. 现代思想政治教育学 [M]. 北京：人民出版社，2006：5-6.

点也是逻辑终点。可以说,基本矛盾的生成及解决是思想政治教育的根本主线,也成为其开展及运行的存在方式,贯穿其发展全过程。同时,在这一过程中,思想政治教育实践基础上矛盾双方的发展性,以及发展的不平衡性,持续促进矛盾双方相互作用,生成具备推动效果的内在动力,支撑着思想政治教育的发展进步。

(二) 系统把握思想政治教育主要矛盾的构成及蕴涵

思想政治教育是以主客体要素为核心、相关要素共同参与,有目标、有组织、有计划地相互作用的活动过程,要素互动是思想政治教育存在运行并发挥功能的基本方式。聚焦这一互动过程,不同要素之间需要相互匹配衔接,但在实际运行中各要素在方向、水平等方面存在一定差异,形成不同形式的矛盾冲突。这些围绕思想政治教育核心要素展开,体现教育运行中的对立统一关系的矛盾,构成思想政治教育的主要矛盾。对比基本矛盾,思想政治教育主要矛盾既有明显的多元性,内含着不同层次、方面的矛盾,更有突出的附属性,都衍生自基本矛盾,是基本矛盾在不同环节、不同层面的具体表现。由此,以基本矛盾为核心、各主要矛盾共同构成的思想政治教育内部矛盾体系得以展现。着眼丰富多元的主要矛盾,要系统把握其主体内容,就必须立足基本矛盾的对立统一关系,并同时聚焦思想政治教育主客体这一核心要素。

思想政治教育主客体之间的矛盾。"思想政治教育活动是教育者和教育对象以教育目标、内容、手段和环境等为媒介所开展的双向互动的活动,相对于教育目标、内容、手段和环境等'物'的因素,教育者和教育对象、教师和学生都是教学过程中'人'的因素"[1]，是教育媒介的运用者和接受者，教育目标和任务的落实者和彰显者，是思想政治教育的核心要素。思想政治教育主要矛盾集中展现为主体要求期待和客体实际水平之间的矛盾，教育者在制定恰当教育目标与合理教学预设的同时，对教育对象提出了要求和期待，比较教育教学实践后教育对象的实际接受情况，产生应然与实然、理想与现实的突出矛盾。

思想政治教育主体与社会要求之间的矛盾。教育主体是将符合党和国家要求的思想政治道德规范内化为教育对象的思想观念的重要桥梁，发挥着"传播知识、传播思想、传播真理，塑造灵魂、塑造生命、塑造新人"[2]的关键作用。党和国家制定的总体教育方针以及思想政治教育目标任务，持续发展的党的创新理论和实践成果等丰富内容，都贯穿和蕴含着对教育主体素质能力的现实要求。面对与时俱进的要求期待，教育主体以自觉的发展意识、强烈的责任担当着力推进自身的素养提升、实现专业发展，但在实际中与现实的要求期待存在着一定差距，这一现实矛盾也将持续激发思想政治教育主体自我完善的内生动力。

思想政治教育客体与社会要求之间的矛盾。着眼目标维度，教育客体既是教育供给的接收者，更是教育效果的彰显者，思想政治

---

[1] 冯刚，彭庆红，佘双好，等．新时代高校思想政治教育学原理［M］．北京：人民出版社，2021：282.

[2] 习近平．思政课是落实立德树人根本任务的关键课程［M］．北京：人民出版社，2020：12.

教育的中心工作就是切实提升教育客体的思想政治素质。党和国家着力加强和改进思想政治教育，就是为了更好地教育引导受教育者，实现其思想政治素养往正确方向和所需程度提升，对受教育者提出了切实要求。从总体上看，对于大多数教育客体，"他们的思想行为与社会要求之间总是基本一致又不完全一致，这就决定了这类矛盾是普遍、长期存在的"[①]。教育客体以其认识水平、实践经验、内在需求等内在观念，对社会要求的认识理解存在一定偏差，与社会要求的目标水平存在一定差距，与社会要求之间的现实矛盾由此形成。

三、思想政治教育内部矛盾运动的发展革新力

思想政治教育内部体系化的矛盾不断变化、演进，在这一运动过程中持续释放推动思想政治教育发展、革新的强大力量。这一力量源自思想政治教育深层内部，在作用过程中激发促进其他力量的生成，是思想政治教育内生动力的根源核心。

（一）思想政治教育基本矛盾是推动思想政治教育发展革新的根本动力

思想政治教育学原理提出并论证了思想政治教育的基本矛盾，是"一定社会发展的要求同人们实际的思想品德水准之间的矛盾"[②]。这一矛盾是思想政治教育内部存在的、具备主导地位的基本

---

① 陈万柏，张耀灿. 思想政治教育学原理：第3版 [M]. 北京：高等教育出版社，2015：144.

② 陈万柏，张耀灿. 思想政治教育学原理：第3版 [M]. 北京：高等教育出版社，2015：6.

矛盾。根据矛盾理论，这一矛盾是推动思想政治教育发展革新的根本动力，因为这一矛盾决定思想政治教育的存在，并贯穿其发展过程始终。一定社会发展的要求同人们实际的思想品德水准之间的矛盾是一直以来客观存在的，为了适应解决这一矛盾的客观需要，继承并发展中国共产党思想政治工作的优良传统，思想政治教育成为一门学科应运而生。因此，致力于这一矛盾的解决是思想政治教育的核心主题和根本任务，也赋予了思想政治教育作为一门学科的意义与价值。同时，这一矛盾将贯穿思想政治教育发展始终，矛盾的双方都是随社会实践动态发展的变化要素，不断在不平衡和趋于平衡之间相互转化。这就为思想政治教育发展提供了持续动力，并且这种动力是来源于思想政治教育内部的，其形成取决于思想政治教育基本矛盾双方的斗争性，因此是无条件的、绝对的。总的来说，思想政治教育内部存在的、贯穿于思想政治教育始终并在斗争中转化的基本矛盾，是推动思想政治教育持续发展革新的、根本性的内生动力。

（二）思想政治教育内部矛盾吸收外部因素推动思想政治教育发展革新

按照矛盾理论，促进思想政治教育发展的外部因素也是通过影响思想政治教育内部矛盾的变化形成推动力。经过理论和实践的检验，外驱力的作用方式确实如此。"随着社会环境的变化，社会会提出新要求，教育对象的思想也会出现新情况，两者之间又会出现新的不平衡即新的矛盾，为解决新的矛盾，又开始一个新的教育过程，如此循环往复，推动着思想政治教育不断发展。"① 外部因素往往作用于思想政治教育内部矛盾的双方，打破了以往趋近平衡的状态，开始了矛盾双方转化的新循环，以此真正形成了推动力，进而促进思想政治教育发展。互联网是当前影响和促进思想政治教育的重要外部因素，从互联网角度探讨思想政治教育动力形成具有代表性。伴随着互联网的发展，更多的技术、平台、应用等作为载体运用于思想政治教育实践中，在一定程度上提升了思想政治教育的质量和效果。为此，社会对思想政治教育提出了更高要求。与此同时，互联网深刻改变了人们特别是作为"原住民"的青少年的思维方式和行为习惯，为人们的生活带来便利的同时也产生了新的挑战，主要表现为良莠不齐的互联网信息对青少年产生影响，导致其实际思想品德水平有所变动。这就造成思想政治教育内部矛盾双方的失衡，从而开始新的循环并形成推动力。回溯整个过程，互联网作为外部因素刺激了思想政治教育矛盾双方发生变化，以此形成思想政治教育发展的推动力。所以说思想政治教育内部矛盾吸收外部因素推动思想政治教育发展革新。

（三）思想政治教育内部矛盾运动推动思想政治教育阶段的发展革新

思想政治教育学科自诞生以来，"紧跟时代发展的步伐，密切关注人才培养过程中的规律性、前沿性问题，以问题为导向推进自身

---

① 陈万柏，张耀灿. 思想政治教育学原理：第3版 [M]. 北京：高等教育出版社，2015：6.

的创新发展"①。许多学者分别从不同的角度、依据不同的判断标准来探讨思想政治教育发展的阶段划分。综观这些划分标准，大多是从各阶段的指导思想、主要任务或者突出特点着手的。从根本上看，这些标准本质上是反映思想政治教育内部矛盾的发展变化，矛盾关系决定了当前阶段的主要任务和呈现的突出特点。因此，系统分析思想政治教育的矛盾变化对于全面认识思想政治教育的全过程、深刻理解思想政治教育的各个阶段、准确把握思想政治教育的发展趋势，在此基础上牢牢抓住思想政治教育的矛盾动力具有重要意义。把握思想政治教育的矛盾变化展现出必要性，而重点和难点在于如何把握思想政治教育的矛盾变化，这需要进一步的深入研究。按照唯物辩证法的观点，事物发展的主要矛盾和矛盾的主要方面决定事物的性质，要把握思想政治教育的矛盾变化首要的是把握思想政治教育的基本矛盾。作为贯穿思想政治教育发展始终的矛盾，矛盾的双方即一定社会发展的要求和人们实际的思想品德水准这两者是固定不变的，那么重点要聚焦不平衡状态下矛盾双方的变化即社会要求强弱和思想品德水准升降的变化。矛盾双方不平衡状态下，或社会要求高于思想品德水平，或思想品德水平提高促使社会要求提升，不平衡的形成及其原因区分了思想政治教育发展的不同阶段。同时思想政治教育内部矛盾也在运动过程中实现其自身阶段的发展革新。

---

① 冯刚. 改革开放以来高校思想政治教育发展史 [M]. 北京：人民出版社，2018：28.

（四）矛盾的对立统一推动思想政治教育的发展革新

根据唯物辩证法的观点，对立统一是矛盾存在的一般状态。在社会历史实践中，一定社会发展的思想道德要求和人们实际的思想品德水平既相互对立又相互依存，两者是应然和实然的关系，作为同一事物的两方面而存在。这种应然和实然的斗争性是绝对的，在比较中就提出了从实然向应然转变的现实要求，形成了原始的推动力和价值内涵。应然和实然之间具有相互转化的趋势，并在一定条件下实现这一转化，经过思想政治教育内容、方法、载体、环境、课程等的优化，即提升思想政治教育的质量实效，促使人们现实的思想品德水平达到一定社会的思想道德要求。同时，随着社会的发展进步，人们的思想品德水平也相应提高，基于对现实状况的把握和评价，根据适度超越的基本规律，制定出新的社会思想道德要求。因此，矛盾双方在相互转化中形成了矛盾运动，为解决这一矛盾就要依靠思想政治教育的实施和开展。总的来说，思想政治教育因这一矛盾的形成而诞生，因解决这一矛盾、适应这一矛盾"不平衡—平衡—不平衡"的运动变化而不断发展革新，这一矛盾贯穿思想政治教育发展的始终，提供了思想政治教育发展革新的内生动力。

第二节　思想政治教育内生动力的具体表征

作为内部各要素相互作用生成的力量，内生动力蕴含在思想政治教育运行之中,于不同环节、不同方面借助各个要素表现出来。着眼思想政治教育的具体层面,内生动力表征为教育者主体性发挥的精神创造力、教育对象需求期待的目标导向力、教育质量评价环节的循环推动力。

一、思想政治教育者主体性发挥的精神创造力

教育者是思想政治教育活动中最具创造力的主体,蕴含着致力于推动思想政治教育发展的强大主体力量。这种基于教育者主体性发挥的精神创造力,源自教育者价值实现内在需要的持续激励、责任感使命感的有力支撑、落实教育设计的积极推动,是着眼于思想政治教育内涵式发展的强大内生动力。

(一) 思想政治教育者价值实现内在需要的持续激励

自我价值实现是人作为社会历史主体的内在需要。马克思主义强调了人的主观能动性,并揭示了人的社会性本质,人的社会历史主体地位得以确证。随着人主体意识的觉醒和本质力量的增强,在社会历史发展中发挥作用的内在需要不断萌生与强化。于思想政治教育者而言,其价值实现的内在需要是在明确自身教育主体地位基础上激发生成的。而聚焦需要本身,其具有强大的能动作用,正如马克思主义揭示的,"任何人如果不同时为了自己的某种需要和为了这种需要的器官而做事,他就什么也不能做"[1]。实现自我价值的意

---

[1] 中共中央马克思恩格斯列宁斯大林著作编译局. 马克思恩格斯全集:第3卷[M]. 北京:人民出版社,1960:286.

志与行动贯穿思想政治教育者职业生涯始终,与之共生的内在需要也持续提供内生动力。这种内生动力指向教育的本身发展,可以说教育者价值实现的过程就是推动思想政治教育发展的实践过程。马克思主义强调,主体意识觉醒和价值需求萌发的人都是目的和手段的统一,点明"每个人是手段同时又是目的,而且只有成为手段才能达到自己的目的,只有把自己当作自我目的才能成为手段"[1]。教育者既有明确的自我价值实现的目的和需求,这种目的和需求在实践领域中表现为推动思想政治教育发展。教育者又将自身作为手段切实融入思想政治教育实践中,才能达成作为主体的自我价值实现目的。因此,教育者价值实现的内在需求作为激励教育者实现自我价值,并同步生成促进思想政治教育改革创新的精神力量,成为其内生动力的重要构成。

(二) 思想政治教育者责任感使命感的有力支撑

责任意指"分内应做的事"[2],是在人主体意识觉醒基础上明确的、对人自身的规定性。责任感使命感强调人具备的自觉承担完成责任使命的积极意愿,对主体动机的生成和实践的开展产生有力的支撑作用。思想政治教育者的责任感使命感既体现在身为教师的教书育人上,"人民教师无上光荣,每个教师都要珍惜这份光荣,爱惜这份职业,严格要求自己,不断完善自己。做老师就要执着于教书

---

[1] 中共中央马克思恩格斯列宁斯大林著作编译局. 马克思恩格斯全集:第30卷 [M]. 北京:人民出版社,1995:198.

[2] 中国社会科学院语言研究所词典编辑室. 现代汉语词典:第7版 [M]. 北京:商务印书馆,2016:1637.

育人，有热爱教育的定力、淡泊名利的坚守"①，更彰显于政治素质培养、理想信念培育、价值观引导等教育实践中，着力培养"拥护中国共产党领导和我国社会主义制度、立志为中国特色社会主义事业奋斗终身的有用人才"②。责任感使命感作为主体内在的意志感受，以其自觉的自我约束和积极的践行意愿，激发思想政治教育者履职尽责的内在动机，开展推动促进教育改革创新的主体实践。广大思想政治教育者在责任感使命感的内在支撑下，自觉明确并积极承担新时代"肩负的使命和责任，努力为发展具有中国特色、世界水平的现代教育，培养社会主义事业建设者和接班人作出更大贡献"③，拓展和强化了思想政治教育内生动力。

（三）思想政治教育者落实教育设计的积极推动

教育设计是"根据社会发展和人的发展的要求，对教育发展和教育实施提出具体规划或方案的过程"④，既包括对宏观教育即教育事业的设计，也包括对微观教育即教育活动的设计。教育设计作为教育者的教育理解、教育目标和教育设想的集中表达，是教育者主

---

① 习近平在全国教育大会上强调 坚持中国特色社会主义教育发展道路 培养德智体美劳全面发展的社会主义建设者和接班人［N］．人民日报，2018-09-11（1）．
② 习近平．习近平谈治国理政：第3卷［M］．北京：外文出版社，2020：328-329．
③ 习近平．做党和人民满意的好老师：同北京师范大学师生代表座谈时的讲话［M］．北京：人民出版社，2014：3-4．
④ 顾明远．教育大辞典：增订合编本［M］．上海：上海教育出版社，1998：770．

导地位的具体体现。众所周知,"高校思想政治教育者是高校思想政治教育活动中发挥主导作用的一方,在思想政治教育活动中发挥着发动者、组织者和实施者的作用,高校思想政治教育活动通过教育者的活动来实现"[1]。那么以教育者为中心视角,思想政治教育是教育者将符合学生特点和教育实际的教育设计变成现实的过程。涵盖宏观教育事业和微观教育活动,思想政治教育者在教育情怀和教育责任的内在支撑下,基于对基本矛盾现状的准确把握,综合考虑社会发展要求和学生成长发展需要,结合对思想政治教育本质的理解、对教育目标的把握,将教育设想落实转化成为规范化、可执行、系统有序的教育设计。这种教育设计既建立在对思想政治教育现状的客观把握,也贯穿着教育者的教育理解和教育设想,是教育意志和教育事实的有机结合。而其中的主观意志积极推动着教育者将教育设计转化为现实,在这一过程中思想政治教育得以发展进步,主体蕴含的动力属性也得以彰显。因此,教育者落实教育设计的意志和行动成为推动思想政治教育发展的重要内生动力。

二、思想政治教育对象需求期待的目标导向力

作为教育活动的出发点和落脚点,思想政治教育对象的成长发展是教育目标的根本指向。为了实现这一目标,教育对象的需求期待作为组织设计教育供给的重要依据,是思想政治教育关注的重点

---

[1] 冯刚,彭庆红,余双好,等. 新时代高校思想政治教育学原理[M]. 北京:人民出版社,2021:263.

内容，因其具备的导向作用成为思想政治教育内生动力的重要构成。

（一）思想政治教育对象的需求期待具有丰富的价值蕴涵

需求期待是人的愿望渴求的集中表达，教育对象的需求期待切实反映了其希望从思想政治教育活动中获取的内容与价值。这种反映具有突出的真实性，这是由需要本身的特质决定的。马克思主义强调，人的"每一种本质活动和特性，他的每一种生活本能都会成为一种需要"①，这揭示了需要与本能的内在关联，阐明了需要作为人的本质属性是内在心理的切实反映。因此，需求期待是教育对象内在心理的真实表达，直观展现了其对思想政治教育的现实诉求。同时，这种需求期待是教育对象思想政治教育获得感生成的重要基础，两者具有内在的密切关联。"大学生思想政治教育获得感与大学生的需求有关，需求的实现过程与获得感的生成过程是思想政治教育活动的'一体两面'。大学生对于认知和实践具有极大的热情，他们对于思想政治教育内容的好奇以及他们在实践中遇到的现实问题引发的对教育引导的期待，在他们的头脑中形成了需求与预设。当思想政治教育解答了学生的认知疑惑、指导学生正确解决了现实问题，学生在进行需求实现、预设填补的输入过程的同时，他们对思想政治教育产生获得感的输出过程也在同步进行。在时序上，需求实现先于获得感生成，这也揭示了二者存在因果关系。因此可以说，

---

① 中共中央马克思恩格斯列宁斯大林著作编译局. 马克思恩格斯全集：第2卷［M］. 北京：人民出版社，1957：154.

思想政治教育获得感是大学生因需求实现生成的认识感受。"① 总体上看,教育对象的需求期待因其具备的真实特性和获得感生成基础的关键价值,是思想政治教育关注的重点内容,也是持续探究的切实着力点。

(二)教育对象的需求期待是思想政治教育的目标导向

目标是思想政治教育的根本导向,为教育理论探究和实践开展提供有效指引。教育对象的思想政治素质提升作为思想政治教育的出发点和落脚点,是教育目标的集中表达。而在很大程度上,教育对象的思想政治素质提升是其需求期待得以满足的结果。那么从教育实施开展的角度来看,教育对象的需求期待是思想政治教育的目标导向。一方面,具备突出真实性的教育对象需求期待切实反映出其实际情况,为思想政治教育把握其兴趣点和关注点、问题点和疑惑点、成长点和突破点,并在此基础上制定切实恰当的教育目标、安排合理可行的教育任务、组织实际有效的教育供给等提供了参考。这正适应了习近平总书记提出的"提升思想政治教育亲和力和针对性,满足学生成长发展需求和期待"②的明确要求。在这一意义上,教育对象的需求期待成为思想政治教育的重要目标导向。另一方面,作为获得感生成基础的教育对象需求期待,是思想政治教育实效提

---

① 朱宏强. 大学生思想政治教育获得感的时代蕴涵[J]. 学校党建与思想教育,2020(21):33.

② 习近平在全国高校思想政治工作会议上强调 把思想政治工作贯穿教育教学全过程 开创我国高等教育事业发展新局面[N]. 人民日报,2016-12-09(1).

升的前提性因素。具体而言,在教育对象需求期待满足过程中,着眼学生主体角度,获得感生成表明学生接受教育获得了所需内容,同时在思想政治教育方面就表现为教育实际效果的彰显,这就阐明了教育对象需求期待与思想政治教育实效之间的必然联系。实际效果的取得和提升是思想政治教育的关键任务,作为其前提性因素的对象需求期待必然是思想政治教育的重要目标导向。

(三)教育对象需求期待满足产生的思想政治教育目标导向力

教育对象的需求期待作为思想政治教育的目标导向,必然提出满足实现的现实要求,而其需求期待的满足则产生推动思想政治教育发展变革的目标导向力。需要注意的是,人的需求不是一成不变的,而是具有突出的发展性,正如马克思主义揭示的,"已经得到满足的第一个需要本身、满足需要的活动和已经获得的为满足需要而用的工具又引起新的需要"[1]。在思想政治教育领域更是如此,教育对象的需求期待随着教育活动的发展而不断发展,这两者之间保持着适度张力,发展的教育活动为教育对象需求满足提供条件,在此基础上教育对象需求的发展对教育活动提出新的要求。由此,满足持续发展的教育对象需求期待这一目标导向,蕴含着以任务要求为本质的内在力量,推动思想政治教育的变革创新。这种目标导向力要求"从教育对象的成长发展需求出发,关注对象的全面、可持续、

---

[1] 中共中央马克思恩格斯列宁斯大林著作编译局. 马克思恩格斯选集:第1卷[M]. 北京:人民出版社,2012:159.

协调的发展,从中寻求思想政治工作新的着力点和生长点"①。在目标导向力的具体运行中,为有效适应和切实满足教育对象持续发展的需求期待,思想政治教育要围绕教育内容、方法、载体等各个层面,聚焦思政课和日常思想政治教育等各个渠道,关注课程思政等新兴领域,着力推进自身的变革创新,从而为教育对象提供更加优质的教育供给。总的来说,思想政治教育以满足教育对象需求期待为己任的自我要求产生的目标导向力,是内生动力的重要构成。

三、思想政治教育质量评价环节的循环推动力

质量评价是思想政治教育的重要内在环节,发挥着现状调查、效果评估、监督促进等关键作用。在思想政治教育运行过程中,质量评价作为承上启下的重要环节,产生推动思想政治教育实现循环发展的内生动力。

(一) 思想政治教育质量评价的丰富价值蕴涵

基于质量评价的基本内涵和一般特性,思想政治教育质量评价是适应教育内涵式、高质量发展趋势提出的,以质量为核心视角、以评价为方法手段聚焦思想政治教育开展的检查评估活动。围绕具体工作内容的解析,思想政治教育质量评价展现出丰富的价值蕴涵。其一,质量评价准确把握思想政治教育现状。质量评价多以当前视角,运用实证研究等方法对现实状况进行考察,进而准确把握教育

---

① 冯刚. 探索思想政治教育发展的内生动力 [M]. 北京: 人民出版社, 2017: 248.

工作的开展情况和教育对象的实际水平,为思想政治教育者调整改进、教育主管部门规划决策等提供有效依据。其二,质量评价切实衡量思想政治教育效果。质量评价能够运用定性评价和定量评价结合等方法,开展过程评价和结果评价结合等工作,在应然与实然、历史与现实、理论与实践等维度的比较中切实衡量思想政治教育的实际效果,为不同群体认识把握思想政治教育的关键价值、提升认同度以及形成良好印象奠定坚实基础。其三,质量评价有效督促思想政治教育发展。质量评价通过现状和效果的展现,对思想政治教育产生监督促进作用。"评价工作的开展,对于实际的思想政治教育工作者是一种压力,这种压力通常能够转化为工作的动力。检查评价本身起着一种督促作用,这是不能否认的。"[1] 质量评价"以比较的方式开展,以定性或定量的形式直观地呈现工作的开展情况"[2],其中发现的问题,揭示的矛盾,提出的表扬和批评,给予的意见和建议等,从内在动力激发、现实工作改善等不同方面督促教育者推进教育改革创新。

(二) 质量评价是思想政治教育的内在环节

回归概念,"思想政治教育是指社会或社会群体用一定的思想观念、政治观点、道德规范,对其成员施加有目的、有计划、有组织的影响,并促使其自主地接受这种影响,从而形成符合一定社会一

---

[1] 刘建军.高校思想政治教育工作质量评价的必要性、可行性及其限度[J].学校党建与思想教育,2018(11):6.
[2] 朱宏强.大学生思想政治教育获得感理论探究[D].北京:北京师范大学,2020:40.

定阶级所需要的思想品德的社会实践活动"①。这是学界当前广为接受认同的概念，其中突出了思想政治教育实施开展的活动过程，同时也要求我们关注其中隐含的实施前的准备和实施后的评价等环节。一般意义上，思想政治教育内含着包括设计准备、实施开展、评价反思等环节在内的基本过程。"评估环节是思想政治教育整体过程必不可少的组成部分，它通过科学的反馈，对思想政治教育工作的过程及各要素、效果及社会价值进行实事求是、科学的分析，以便总结经验、纠正偏差，最大限度地发挥思想政治教育的作用。"② 着眼环节演进全程，教育活动实施开展完毕并不意味着思想政治教育的结束，教育的最终目的是取得教育实效，聚焦教育主体、客体、介体、环体各个要素，比较准备设计和实施开展各个环节，在应然与实然对照中研判教育的实际效果，是思想政治教育整体过程的内在环节。与此同时，质量评价本身也具有教育意义，通过实际效果的呈现，以表扬或批评等方式，帮助教育主客体总结成效、明确问题，找准完善深化的着力点和突破口，展现出关键的教育引导价值。

（三）质量评价产生推动思想政治教育循环发展的重要动力

这种动力的产生首先与质量评价的工作内容密不可分，质量评价既致力于反映思想政治教育的质量现状，更着眼于依托评价系统

---

① 陈万柏，张耀灿. 思想政治教育学原理：第3版 [M]. 北京：高等教育出版社，2015：4.
② 冯刚，等. 高校思想政治教育工作质量评价研究 [M]. 北京：人民出版社，2020：26.

总结经验成效，发现存在的突出矛盾问题，反馈改进完善的意见建议，从而形成思想政治教育的闭环。基于此，"思想政治教育工作质量评价作为思想政治教育过程中的重要环节，因其在评价与判断思想政治教育效果、管理和指导思想政治教育实践、增强思想政治教育实效性方面的重要意义，日益引起广泛关注与重视"[1]。质量评价的工作内容及其价值作用赋予其推动思想政治教育循环发展的动力功能。从时间发生为序加以审视，思想政治教育过程集中呈现为设计准备、实施开展、评价反思等环节的循环运行，"它们之间不是彼此孤立的，前一个环节影响和决定着后一个环节，后一个环节又可以为前一个环节提供信息和依据。因此可以说，它们是一个统一的系统，需要注意前后照应、相互衔接"[2]。质量评价在这一过程系统中处在承上启下的关键环节，有效推动着思想政治教育的循环发展。具体而言，质量评价在比较中系统考察设计准备和实施开展各方面，通过经验成效的总结、矛盾问题的明晰，为新一轮的思想政治教育设计准备指明了方向，划出了重点，提供了动力，开启了思想政治教育的内在循环。总的来说，质量评价作为教育过程的内在环节，在承上启下的功能发挥中产生推动思想政治教育循环发展的内生动力。

---

[1] 冯刚，等.高校思想政治教育工作质量评价研究[M].北京：人民出版社，2020：21.

[2] 冯刚，等.高校思想政治教育工作质量评价研究[M].北京：人民出版社，2020：167.

第三节 思想政治教育内生动力的结构关系

系统性是思想政治教育内生动力的突出特点，不仅体现在内生动力本身是一个结构化的系统，还体现在内外动力体系化的转化关系，也体现在内生动力存在和依托于的整体动力系统。从不同层面厘清思想政治教育内生动力的结构关系，对于进一步理解其内涵和构成具有重要意义。

一、思想政治教育内生动力的结构逻辑

思想政治教育内生动力是一个结构化的系统，包含多个层次的构成要素。探究内生动力系统的结构逻辑，内部矛盾运动的发展革新力占据基础性地位，在思想政治教育各环节演化出主体性发挥的精神创造力、对象需求期待的目标导向力、质量评价环节的循环推动力三个内生动力的具体表征，这三者之间相辅相成，与矛盾运动共同构成内生动力的整体系统。

（一）思想政治教育内部矛盾运动的发展革新力是内生动力的根基

矛盾运动作为事物发展的根本动力，其产生的发展革新力在思想政治教育内生动力系统中占据基础性地位，这是由矛盾的根源性、综合性和贯穿性决定的。其一，矛盾的根源性决定动力的基础性。

马克思主义在深刻分析矛盾的性质、功能等基础上，揭示了矛盾对于事物发展的根源性，指出"任何事物内部都有这种矛盾性，因此引起了事物的运动和发展。事物内部的这种矛盾性是事物发展的根本原因"①。思想政治教育的发展必然遵循和契合这一规律性认识，根源性的矛盾运动构成了内生动力的基础。其二，矛盾的综合性决定动力的基础性。马克思主义深刻揭示了矛盾的本质是对立统一，强调"自然界的（也包括精神的和社会的）一切现象和过程具有矛盾着的、相互排斥的、对立的倾向"②。这就指明了矛盾不是单方面的，具有突出的综合性，特别是在思想政治教育矛盾体系中涵盖各个要素、各个环节和各个方面，综合性的矛盾奠定了内生动力的基础。其三，矛盾的贯穿性决定动力的基础性。马克思主义从多个角度阐明了矛盾贯穿事物发展始终的观点，聚焦生命发展时指出，"生命也是存在于物体和过程本身中的不断地自行产生并自行解决的矛盾；矛盾一停止，生命也就停止，死亡就到来"③。贯穿思想政治教育发展始终的矛盾，见证和参与了其全程的演进变革，贯穿性的矛盾支撑起内生动力的基础。

---

① 毛泽东. 毛泽东选集：第1卷 [M]. 北京：人民出版社，1991：301.
② 中共中央马克思恩格斯列宁斯大林著作编译局. 列宁选集：第2卷 [M]. 北京：人民出版社，2012：557.
③ 中共中央马克思恩格斯列宁斯大林著作编译局. 马克思恩格斯选集：第3卷 [M]. 北京：人民出版社，2012：499.

（二）思想政治教育主体性发挥的精神创造力、对象需求期待的目标导向力、质量评价环节的循环推动力是矛盾运动基础上的内生动力具体表征

矛盾运动依托思想政治教育各要素，在教育各环节、各方面生成和发挥动力功能，这些具体动力丰富了内生动力的系统构成。其一，思想政治教育主体性发挥的精神创造力的矛盾根源。教育者的主体性根源上是由矛盾激发，教育者具有价值实现的内在需要，对开展思想政治教育负有强烈的责任感和使命感，心中有较为明确的教育抱负和设想，而在教育实践中，实际价值实现、理论落实情况以及自身素质能力的差距，这两者之间形成的矛盾持续激励教育者切实发挥主体性，以自身实践推动思想政治教育内涵式发展。其二，思想政治教育对象需求期待的目标导向力的矛盾根源。教育对象需求期待的目标导向力在矛盾中生成并发挥作用。对于思想政治教育，既存在党、国家和社会等各个层面提出的要求，也有教育对象对其的需求期待，两者具有突出的一致性，也存在一定的矛盾。作为主体获得感生成和教育实效产生的基础，教育对象的需求期待提供真实信息以促进教育目标的优化完善，在矛盾化解中引导推动思想政治教育的有效开展。其三，思想政治教育质量评价环节的循环推动力的矛盾根源。质量评价是适应思想政治教育设计准备和实施开展对应存在而设置的必要环节。按照应然与实然的比较理念，质量评价通过揭示设计准备与实施开展之间的矛盾，提出了改进提升的现实要求，进而在循环开启中推动思想政治教育创新发展。

(三) 内生动力各要素之间相辅相成，共同构成思想政治教育内生动力整体系统

发源于思想政治教育矛盾运动的内生动力具体表征，各自在内生动力整体中承担不同角色、发挥特有作用，同时彼此之间相互补充、相互辅助、相互支撑，形成系统的有机整体。其一，思想政治教育主体性发挥的精神创造力奠定主体动力。"思想政治教育主体是思想政治教育的承担者、发动者和实施者"[1]，能够主动把握教育对象的需求期待以调整优化教育目标，助力并承担质量评价工作的开展。这些都需要教育者的主体性发挥，从而为其他动力要素乃至内

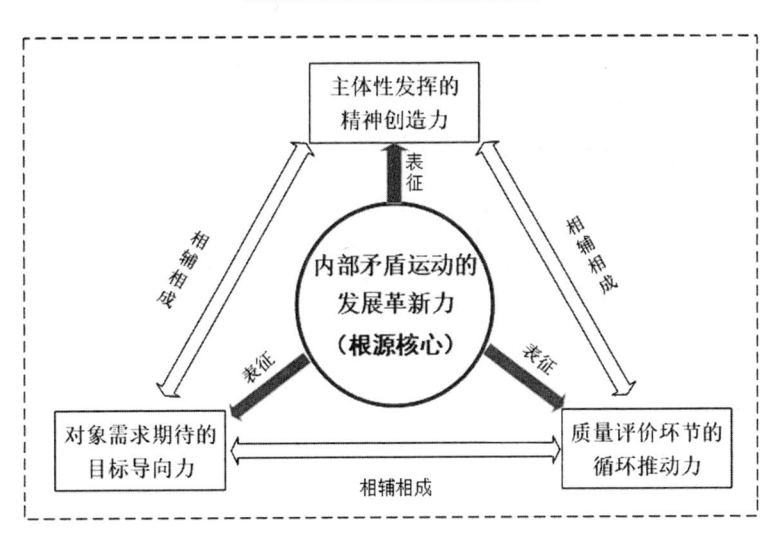

图 2 思想政治教育内生动力结构关系图

---

[1] 张耀灿，郑永廷，吴潜涛，等．现代思想政治教育学 [M]．北京：人民出版社，2006：236．

生动力整体提供主体动力支持。其二，思想政治教育对象需求期待的目标导向力奠定客体动力。"思想政治教育客体是思想政治教育的接受者和受动者……是思想政治教育主体的作用对象"①，能够作为依存要素在教育实践中影响和改造教育者，同时协助和配合质量评价工作的开展。尊重教育对象的客体性，关注其需求期待，为其他动力要素乃至内生动力整体提供客体动力支持。其三，思想政治教育质量评价环节的循环推动力奠定评价动力。质量评价聚焦思想政治教育设计准备和实施开展的衡量比较，将教育者的主体性发挥情况和教育对象的需求期待落实情况作为重要考核指标，通过评价本身以及结果呈现发挥监督促进作用，为其他动力要素乃至内生动力整体提供评价动力支持。

二、思想政治教育内外动力的转化关系

内生动力是与外生动力相对应而存在的概念，在思想政治教育整体中两者之间存在着不可分割的密切联系。聚焦这一联系，内生动力与外生动力在思想政治教育运行开展中相互转化，共同推动其持续创新发展。

（一）思想政治教育内生动力和外生动力相对存在

内和外是相对某一事物主体而言对应存在的方位概念，其中的矛盾蕴涵就赋予了内生动力和外生动力对立统一的本质规定性。一

---

① 张耀灿，郑永廷，吴潜涛，等. 现代思想政治教育学 [M]. 北京：人民出版社，2006：237.

方面，思想政治教育内生动力和外生动力是截然对立的概念观点和实际力量。马克思主义强调了矛盾突出的斗争性，指出"一切过程中矛盾着的各方面，本来是互相排斥、互相斗争、互相对立的"①。无论是认识上的概念观点，还是运行中的实际力量，内生动力作为思想政治教育内部生成的动力，外生动力则是外部因素对思想政治教育的刺激性动力，两者在动力来源、动力方向等方面彼此对立，相互区别而存在。另一方面，思想政治教育内生动力和外生动力彼此之间又相互依存。马克思主义深刻认识到矛盾双方的依存关系，强调"矛盾着的各方面，不能孤立地存在。假如没有和它作对的矛盾的一方，它自己这一方就失去了存在的条件"②，并将这种关系界定为同一性。内外动力的同一性表现在，失去任何一方则意味着失去了原有的概念内涵以及原有的思想政治教育动力规定性，另一方也将不复存在，因此两者在现实性上相互依赖而存在。立足唯物辩证法对立统一关系原理，我们可以从逻辑上进一步深刻把握思想政治教育内生动力和外生动力的相对依存关系，以此找到了从外生动力视角丰富和拓展思想政治教育内生动力研究的理论支撑点，阐明其内在合理性，为进一步深入探究奠定前提和基础。

（二）思想政治教育内生动力和外生动力联系密切

基于对内生动力和外生动力对立统一关系的把握，两者之间的密切联系清晰可见，提供了在比较中认识思想政治教育内生动力的

---

① 毛泽东. 毛泽东选集：第1卷 [M]. 北京：人民出版社，1991：327.
② 毛泽东. 毛泽东选集：第1卷 [M]. 北京：人民出版社，1991：328.

视角和条件。上文提及内生动力和外生动力在动力主导因素、动力方向以及动力关系等方面相互区别，内生动力是由内部动力因素主导，方向上呈现为由内部生发作用于自身并实现内部循环，动力关系源于内部要素之间相互作用的推动力量。同时，思想政治教育内生动力和外生动力也具有突出的一致性，表现在动力参与要素、动力功能和动力目标等方面。其一，动力要素都有思想政治教育参与。无论是作为主体还是受体，思想政治教育都必然在内生动力和外生动力的生成、作用中参与，是其中不可或缺的核心要素，否则内生动力和外生动力就失去其根本指向和内在蕴涵。其二，动力功能都具有推动作用。动力意指"推动工作、事业等前进和发展的力量"①，推动力量是动力的本质规定性。无论是内生动力还是外生动力，都具有必然的推动作用，产生一定的推动效果。其三，动力目标都指向思想政治教育。致力于推动思想政治教育发展，既是内生动力也是外生动力的出发点和落脚点。内生动力和外生动力的认识、研究和激发，根本目的在于在厘清过程、把握规律的基础上，更好发挥其推动促进思想政治教育发展的功能作用。内生动力和外生动力的共同目标指向，也为其相互转化融合进而形成合力提供了可能。

（三）思想政治教育内生动力和外生动力相互转化

内生动力和外生动力之间蕴含的对立统一关系，内在规定着两者之间相互转化的可能。马克思主义深刻揭示了矛盾双方的转化关

---

① 中国社会科学院语言研究所词典编辑室. 现代汉语词典：第7版 [M]. 北京：商务印书馆，2016：313.

系，指出"事物内部矛盾着的两方面，因为一定的条件而各向着和自己相反的方面转化了去，向着它的对立方面所处的地位转化了去"①，阐明了转化的条件要求和内在机制。以矛盾转化的规律性认识审视思想政治教育的运行过程，内生动力和外生动力的转化关系得以清晰呈现。一方面，思想政治教育外生动力转化为内生动力。由具有推动教育发展变革这一内在价值的外部动力因素，在影响思想政治教育过程中形成外生动力。这一动力的运行发挥显著地推动了思想政治教育内部各要素之间的相互作用，促进了要素本身的发展变化。具体而言，在要素互动中，包括教育主体、客体等各要素都在教育实践运行中实现调整和更新，指向思想政治教育的内涵式发展，在这一过程中内生动力也得以孕育和生发。另一方面，思想政治教育内生动力转化为外生动力。根据教育主体的需要和设计，考虑教育对象的特点及需求，按照质量评价的要求和导向等，在内生动力作用发挥中，思想政治教育不断吸纳外部因素，将其具备的价值转化为推动教育要素相互作用的功能，由此赋予其动力因素的属性，在与思想政治教育的联系建立中推动发展，形成确立为外生动力。总的来说，在普遍联系的相互作用中，内生动力和外生动力基于对立统一关系在思想政治教育实践运行中实现相互转化。

三、内生动力在整体动力中的结构定位

内生动力是思想政治教育动力系统的有机组成部分。从整体视

---

① 毛泽东. 毛泽东选集：第1卷 [M]. 北京：人民出版社，1991：328.

```
           思想政治教育动力
                  │
        ┌─────────┴─────────┐
   思想政治教育    相对存在    思想政治教育
     内生动力   ←─────────→    外生动力
              相互转化
```

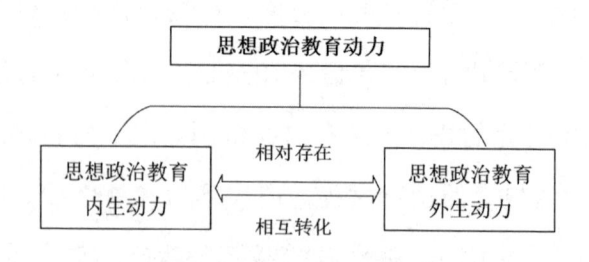

图3　思想政治教育动力结构关系图

角看思想政治教育内生动力，把握其在整体动力系统中的结构定位，能够全面理解内生动力的丰富内涵，深刻认识内生动力的独特价值。

（一）思想政治教育动力的突出系统性

从内在特性来看，思想政治教育动力本质上是推动其发展的、多层次的合力，动力的系统性与其本身的系统特征以及发展的复杂关联性密切相关。一方面，思想政治教育的系统特征决定其动力的系统性。"思想政治教育是一个体系庞大、结构复杂的大系统……思想政治教育系统的运行结构是由其内部框架结构要素之间相互依存、相互支持、相互制约形成的"① 有机统一体。无论是思想政治教育的内在构成，还是运行结构，都呈现突出的系统特征。动力作为产生或作用于各教育构成要素，致力于推动思想政治教育运行发展的力量，必然适应其主体的系统特征，在构成和运行上，也具有突出系统性。另一方面，思想政治教育发展的复杂关联性决定其动力的系统性。"思想政治教育的发展既涉及教育的各个要素和环节，也与

---

① 冯刚，彭庆红，佘双好，等．新时代高校思想政治教育学原理［M］．北京：人民出版社，2021：25-26．

社会的经济、政治、文化相关，其中思想政治教育的外延发展与内涵发展即领域发展与功能发展是主要的。"① 动力事关思想政治教育发展。发展涉及要素环节多类型、内部外部多层次、经济政治等多方面的内容，其中的复杂关联决定思想政治教育动力也是一个多类型、多层次、多方面的系统。具体而言，思想政治教育动力是各种来源、各种属性、各种层面的推动力量有机协同形成的合力。对思想政治教育动力系统性的确证，为内生动力结构定位的厘清奠定了前提和基础。

(二) 思想政治教育内生动力在整体动力系统中的结构关系

基于对思想政治教育动力系统性的把握和确证，问题也随之提出，内生动力在整体动力系统中处于什么结构位置，与其他动力呈现什么关系，需要进一步回答。思想政治教育动力作为"一个多类型、多层次、多方面构成的有机结构体系"②，依据不同的标准要求，可以进行多种划分。按照所处的教育层面划分，主要可以分为宏观层面、中观层面和微观层面的动力；按照是否以人为主体划分，主要可以分为主体性动力和非主体性动力；按照动力功能划分，主要可以分为运行动力和发展动力；按照是否直接作用划分，主要可以分为直接动力和间接动力；等等。上文提及按照动力来源划分，我们将思想政治教育动力主要分为内生动力和外生动力，经过分类

---

① 廖志诚. 论思想政治教育发展动力系统的构成 [J]. 马克思主义与现实，2009 (6)：194.

② 廖志诚. 论思想政治教育发展动力系统的构成 [J]. 马克思主义与现实，2009 (6)：194.

基本能够涵盖动力的各要素内容。由此，我们可以大致判断内生动力在整体动力系统中的结构位置，在动力来源维度划分下，内生动力位于思想政治教育动力系统中外生动力的对应面和互补面。除了与外生动力的对立统一关系，思想政治教育内生动力与其他动力呈现多维的交叉重合。每一维度划分的各动力要素基本构成动力的整体，统筹各个维度的动力要素进行比较，可以发现其中呈现的包含、交叉、重合等多种关系。具体而言，内生动力涉及宏观、中观、微观各个层面的动力，涵盖主体性和非主体性的、运行和发展中的、直接和间接的部分动力。厘清思想政治教育内生动力在整体动力系统中的结构关系，是进一步把握内生动力系统构成的重要一步。

（三）思想政治教育内生动力在整体动力系统中的功能定位

依据不同标准划分的动力往往具备其特有的属性和功能。在整体的动力系统中，内生动力因其发挥的功能作用承担着特殊的角色定位。其一，内生动力推动思想政治教育持续性发展。整体动力系统中存在依靠条件刺激、阶段性发挥作用的动力要素，其对思想政治教育的推动效果是暂时的。内生动力是依靠教育各要素相互作用，在思想政治教育内部实现可持续循环的力量。具体而言，内生动力能够在推动教育实践开展的同时，在促进教育要素互动中实现动力再生，由此基于动力的内部可持续循环推动思想政治教育持续性发展。其二，内生动力推动思想政治教育整体性发展。整体动力系统中存在聚焦和作用于思想政治教育某一部分或要素的动力，其产生的推动效果是局部的。内生动力的生成基础涵盖思想政治教育的全部要素，是各要素相互作用凝聚的合力。因此，内生动力在指向思想政治教育整体的同时，也作用于其发源的各项教育要素，在整体和部分结合中实现推动思想政治教育的整体性发展。其三，内生动力推动思想政治教育内涵式发展。整体动力系统中存在致力于不断扩大思想政治教育的外延，拓展教育作用辐射和发挥边界的动力，其指向外延式发展。内生动力既源自教育内部，吸收和运用教育内部各有效要素，也聚焦和指向教育本身，着力促进思想政治教育的内涵丰富、范畴拓展、结构优化、体系完善，在助力科学化、规范化、系统化中实现思想政治教育内涵式发展。基于对内生动力在整体动力系统中功能定位的明确，我们对于思想政治教育内生动力系统构成的认识实现进一步厘清和深化。

第四章

思想政治教育内生动力的形成机制

思想政治教育内生动力作为一个多层次、结构化、多要素共同参与的系统，其形成不是一蹴而就的，而是呈现阶段性、发展性的演化过程。在长期的运行发展中，思想政治教育内生动力的形成过程逐渐明晰确立了一些常态化机制，引导和推动着内生动力的形成。认识把握思想政治教育内生动力的形成机制，对于系统掌握内生动力的形成过程，找准内生动力的提升路径具有奠基作用。

第一节 思想政治教育内生动力生发机制

纵观思想政治教育内生动力的形成过程，动力生发是其中的第一阶段。在这一过程中，矛盾关系、主客体需求、评价要求等的持续性、循环性生发，是内生动力形成的缘起。把握思想政治教育内生动力的生发机制,能够为内生动力的形成拓源强基。

一、思想政治教育矛盾关系生发

矛盾关系是思想政治教育中最普遍的联系,也是具有极大动力蕴涵的联系。矛盾关系的生发既遵循矛盾运动的一般规律,又符合思想政治教育的运行特点。因而,合规律性与合实践性就赋予了思想政治教育矛盾关系生发的持续性特点。

(一)思想政治教育矛盾关系的生发遵循矛盾运动的一般规律

马克思主义强调,"统一物之分为两个部分以及对它的矛盾着的部分的认识,是辩证法的实质"[1],深刻阐明了矛盾的本质及其关键地位。思想政治教育这一庞杂的统一物中蕴藏着潜在的矛盾关系,其生发和显现遵循矛盾运动的一般规律。首先矛盾关系发端于相互作用。马克思主义从主体视角认识事物时指出,"当我们通过思维来考察自然界或人类历史或我们自己的精神活动的时候,首先呈现在我们眼前的,是一幅由种种联系和相互作用无穷无尽地交织起来的画面"[2],洞悉了事物之间存在的相互作用。如思维考察中认识的那样,思想政治教育在实际中也存在着复杂密切的联系,这些联系基于已经完成或者正在进行的相互作用。矛盾关系作为普遍的、常见的联系,蕴含在思想政治教育相互作用之中。在此基础上,矛盾关

---

[1] 中共中央马克思恩格斯列宁斯大林著作编译局. 列宁选集:第2卷[M]. 北京:人民出版社,2012:556.

[2] 中共中央马克思恩格斯列宁斯大林著作编译局. 马克思恩格斯选集:第3卷[M]. 北京:人民出版社,2012:790.

系在对立统一中生发。马克思主义揭示了矛盾的对立统一本质,指出"统一物之分为两个互相排斥的对立面以及它们之间的相互关系"①,为把握矛盾的生发形成提供了理论指导。经过相互作用的推动促进,教育要素两者之间既彼此斗争对立,又统一于思想政治教育整体,这一状态的形成就意味着矛盾关系的生发。思想政治教育中难以计数的矛盾关系遵循矛盾运动的一般规律生发形成,为矛盾动力作用的发挥奠定了前提和基础。

(二)矛盾关系的生发符合思想政治教育的运行特点

矛盾关系存在并立足于思想政治教育这一土壤和基础之上,其生发必然要适应与符合思想政治教育的运行特点及规律。"思想政治教育活动作为一种社会实践活动,有其自身的运行规律和展开过程。"② 一方面,思想政治教育矛盾关系的生发围绕教育者和教育对象这一核心主体。教育者和教育对象是思想政治教育运行的核心,立足实践活动本身,"两者的关系是思想政治教育过程中最基本的关系,也是影响思想政治教育过程运行及效果的重要因素"③。在各项教育要素中,教育者和教育对象作为中心范畴,串联并组织起教育介体、环体等其他要素。在这一意义上,思想政治教育中各个层面生发的矛盾关系都反映教育者和教育对象的对立统一相关信息。另

---

① 中共中央马克思恩格斯列宁斯大林著作编译局. 列宁选集:第2卷[M]. 北京:人民出版社,2012:557.
② 冯刚,彭庆红,佘双好,等. 新时代高校思想政治教育学原理[M]. 北京:人民出版社,2021:204.
③ 陈万柏,张耀灿. 思想政治教育学原理:第3版[M]. 北京:高等教育出版社,2015:150.

一方面，思想政治教育矛盾关系的生发聚焦教育目标与实际效果这一核心议题。从价值维度审视，思想政治教育是将任务目标变成现实效果的实践活动，应然与实然、理想与现实的比较是关注和探讨的重要主题。而这一比较正是构成思想政治教育基本矛盾的缘起和根基，在此基础上各个层面难以计数的矛盾关系不断生发，本质上都聚焦和反映教育目标与实际效果这一核心议题。并且在思想政治教育运行过程中，这些矛盾关系不断演化和整合，呈现为基本矛盾为根基、主要矛盾多元并存的矛盾体系。

（三）把握思想政治教育矛盾关系生发的持续性特点

基于对思想政治教育矛盾关系生发过程的认识厘清，从动力机制维度上我们还需考虑动力再生问题，把握思想政治教育矛盾关系生发的持续性展现出现实必要性。一方面，思想政治教育矛盾关系生发的持续性根源于矛盾的再生性。恩格斯在《反杜林论》中论述思维领域的矛盾时阐明了矛盾的再生特点，点明"人的内部无限的认识能力和这种认识能力仅仅在外部受限制的而且认识上也受限制的各个人身上的实际存在这二者之间的矛盾，是在至少对我们来说实际上是无穷无尽的、连绵不断的世代中解决的，是在无穷无尽的前进运动中解决的"[①]。思想政治教育的矛盾关系必然要遵循矛盾再生性的一般特征。正如人潜在的无限认识能力和当前的实际水平之间的矛盾一样，思想政治教育教育目标与实际效果的矛盾也是贯穿

---

① 中共中央马克思恩格斯列宁斯大林著作编译局. 马克思恩格斯选集：第3卷［M］. 北京：人民出版社，2012：499.

发展始终的，在相互作用中不断形成、解决又再生，实现其矛盾关系的持续生发。另一方面，矛盾关系生发的持续性依托于思想政治教育运行的循环性。矛盾关系的生发离不开相互作用的基础，思想政治教育的循环运行给予了矛盾关系持续生发的良好基础。从设计准备到实施开展再到评价反思，这是思想政治教育的一次完成过程，目标要求的提升和教育实践的发展不断推动其再开展，需要其循环运行。这就实现了思想政治教育各要素相互作用的持续性，而基于此，矛盾关系的持续生发就有了现实可能和良好基础。总体而言，通过对思想政治教育矛盾关系生发基础、过程和持续性特征的厘清，我们能够基本把握其生发机制。

二、思想政治教育主客体需求生发

人的需求是人的意志的真实表达，也是主体动力的根本来源。主客体关于思想政治教育的需求生发既源自人的精神发展本能，也归因于教育实践的影响刺激。在此基础上，思想政治教育主客体需求生发的持续性也得以显现。

（一）思想政治教育主客体需求生发源自人的精神发展本能

"人的需求是包含物质层面和精神层面的复杂系统，既需要衣食住行带来感官上需求的实现，也需要思想和信仰带来精神上需求的满足。"[①] 此外，人的需求是有层级的，物质需求和精神需求呈现递

---

① 冯刚，朱宏强．深刻把握思想政治理论课价值性和知识性相统一的功能作用［J］．思想政治课研究，2019（2）：2.

进关系，当人的物质需求的实现程度越大时，对精神需求的渴望程度随之递增，物质需求的满足是精神需求产生和发展的基础。而人的精神需求的满足主要通过知识的获得和信仰的生成得以实现，求知欲和归属感是人的精神需求的两大体现。特别是对青年学生而言，从知识上来说，他们已经获取了一定的知识并对知识的广袤程度有了一定认识，这极大刺激了青年学生的求知欲；从信仰上来说，人的本质是社会关系的总和，如同现实中人需要一个家来庇护一样，精神上人同样需要一个归属来获得理解、认同和共鸣，而青年学生正处于这种意识萌芽并寻求归属的阶段。这样的精神发展本能提出了教育对象关于思想政治教育的内在需求。对于教育主体而言，其精神发展更多进入个体的价值实现阶段。教育者处于价值观念的确立稳固期，形成了稳定的价值标准和尺度，明确了清晰的价值目标和取向，也对自身提出了价值要求，外显为价值实现的需要。具体而言，工作和职业是教育者投入较多精力的重要方面，也是教育者作为社会人实现自身价值的重要来源。由此，教育者的精神发展本能作为主体力量根源，提出其关于思想政治教育的内在需求。

（二）思想政治教育主客体需求生发由于教育实践的影响刺激

需求作为一种主观认识，不仅受人的本能影响，而且在实践中不断深化发展。人的需要与人的实践密不可分。从实践维度来看，正如马克思主义强调的，"人的思维的最本质的和最切近的基础，正是人所引起的自然界的变化"①，实践作为认识的关键来源，是人的需要发展的生动基础。聚焦需要本身来看也是如此，"人的需要发展的历史事实说明，只要人们通过劳动生产满足了人的最基本的生存需要，就会很快地在此基础上进一步产生出各种'新的需要'"②。教育主客体在精神发展本能主导下参与思想政治教育，并在教育实践中激发新的需求。具体而言，教育客体在参与思想政治教育实践过程中，基于接触新的知识与价值等教学内容以及体验多样互动交流的教学形式，内心产生新的教育认识的同时，也生发对于思想政治教育的多元需求，期待获取更多助力塑造自身思想观念和政治观点的知识价值与教育引导。纵观这一过程，教育客体需求在教育实践影响刺激下生发形成。而教育主体经过思想政治教育实践，将精心准备的教育设计转化为教育现实，收获了教育目标落实、教育实效获得、教育对象提升等认识体验，产生极大的教育获得感和价值实现感。这一积极体验不仅强化教育者的职责使命感，而且激发持续获得和价值实现的需求。由此，思想政治教育主体需求在实践影响刺激下生发形成。

（三）把握思想政治教育主客体需求生发的持续性特点

聚焦动力机制，我们在厘清思想政治教育主客体需求生发过程机理的同时，还要从动力再生上进一步探究教育主客体需求生发的

---

① 中共中央马克思恩格斯列宁斯大林著作编译局. 马克思恩格斯选集：第3卷 [M]. 北京：人民出版社，2012：922.
② 陈志尚. 人学原理 [M]. 北京：北京出版社，2004：197.

<<< 第四章 思想政治教育内生动力的形成机制

持续性。思想政治教育主客体需求生发的持续性根源于人的需要本身的无限发展性。正如马克思主义揭示的,"已经得到满足的第一个需要本身、满足需要的活动和已经获得的为满足需要而用的工具又引起新的需要"①,人的需要本身具有永续发展性,教育主客体关于思想政治教育的需求必然遵循这一规律性认识。第一,已经得到满足的思想政治教育需求激发教育主客体新的需求。教育主客体的思想政治教育需求得到满足,随之产生的是充实的获得感受和愉快的精神体验,这一体验给予教育主客体提出并奋力实现新的需求的原动力,从而实现在"需求—获得"的循环中持续激发新的需求。第二,满足需求的思想政治教育活动激发教育主客体新的需求。思想政治教育活动既是教育主客体满足需求的基础,也是激发新的需求的基础。教育主客体在参与教育实践中,持续产生鲜活的感受和体验,在这一过程中不断深化对思想政治教育的认识和理解,在此基础上持续发展自身的教育需求期待。第三,已经掌握的思想政治教育素质能力激发教育主客体新的需求。教育主客体积累形成的素质能力是其对思想政治教育认识理解的结果,也是继续参与的基础和依据。凭借素质能力,教育主客体根据自身的实际情况,结合对思想政治教育本质和发展的理解,持续提出新的需求。总的来说,我们在把握思想政治教育主客体需求生发的实践基础、一般过程以及持续性特征的基础上厘清了其生发机制。

---

① 中共中央马克思恩格斯列宁斯大林著作编译局. 马克思恩格斯选集:第1卷[M]. 北京:人民出版社,2012:159.

153

三、思想政治教育评价要求生发

评价是思想政治教育过程的内在环节，具有关键的督促作用。评价要求的生发是评价实践的起点，既源自教育主客体的内在需要，也归因于思想政治教育过程环节的推动。通过对这两者的分析考察，我们能够清晰把握思想政治教育评价要求生发的突出持续性。

（一）思想政治教育评价要求生发源自教育主客体的内在需要

"评价作为人认识与把握客观事物的一种工具，为人的意志行动提供参考，服务于人的发展目标。"① 在这一意义上，评价具有突出的属人性。思想政治教育质量评价本质上是一种主体性的实践活动，离不开教育主客体意志的支撑和践行。一方面，思想政治教育评价要求生发源自教育主体的效果把握、以评促改需要。教育主体是教育设计准备和实施开展的统一者，在两者的亲身经历中，必然萌发应然与实然、理想与现实的比较思维，进而把握教育的实际效果。在此基础上，效果是教育主体价值实现感的现实来源，教育主体为满足自身价值实现的需要，也提出了以评价把握教育效果的要求。同时，评价除了展现效果，更能帮助教育主体找准实际存在的问题，进而抓住改进提升的有效着力点和突破口。在教育主体效果把握、以评促改的需要提出中，思想政治教育评价要求得以生发。另一方面，思想政治教育评价要求生发源自教育客体的自我认识需要。教

---

① 聂小雄. 以评价促进思政课教师专业发展探论［J］. 中学政治教学参考，2022（36）：79.

育客体既是教育供给的接受者,也是自我认识的主导者。在接受外在的教育引导之后,教育客体实现自身的成长提升。而这些成长提升集中在思想精神方面,教育客体靠自身难以准确把握。具体而言,思想政治教育本质上是社会主导意识形态的灌输教化活动,因此其对教育客体的引导以及教育客体自身的获得都主要在精神层面。在自我认识过程中,教育客体在主观把握的同时,需要借助外在关于思想政治教育效果的评价,在内外结合中帮助自身准确认识思想素质的积累,其中就提出了对教育评价的需求。

(二)教育评价要求生发由于思想政治教育过程环节的推动

上述已经谈到质量评价这一思想政治教育自有环节的定位确证,"思想政治教育工作质量评价本身就是思想政治教育工作的一个部分和环节"[1]。作为思想政治教育过程链条中的重要一环,把握教育评价要求的生发既要从有序承接,又要从反向倒逼进行全面理解。一方面,思想政治教育评价要求生发源自教育过程的有序承接。纵观思想政治教育一般过程,设计准备是按照教育目标组织筹备教育供给的应然构想环节,实施开展是根据设计准备依托教育形式进行的实然践行环节。顺应这一过程,经过思维和实践的积淀,无论从两者比对角度,还是各自的质量衡量角度,都提出了思想政治教育评价的要求。在这一意义上,教育评价要求的提出和环节的引发是对思想政治教育过程的有序承接,是顺应教育过程开展的必然步骤。

---

[1] 冯刚,等.高校思想政治教育工作质量评价研究[M].北京:人民出版社,2020:187.

另一方面，思想政治教育评价要求生发源自新一轮教育过程的反向倒逼。在思想政治教育过程链条中，教育评价既是前段环节的必然承接，也受新一轮教育过程的影响和要求。聚焦设计准备，除了关键的目标导向，问题导向是其中的重要依据。而在思想政治教育设计准备中，发现的问题从何而来，其中上一轮教育过程中的评价是重要来源。教育评价在准确衡量实际教育效果的同时，揭示和找准存在的矛盾问题、薄弱环节等，为新一轮教育过程指明了着力点和突破口。因此，为了获取这一关键信息，新一轮的思想政治教育过程也会反向倒逼评价环节的开展，提出了教育评价要求。

（三）把握思想政治教育评价要求生发的持续性特点

在动力再生问题上，聚焦思想政治教育主客体评价需要的持续性，以及教育过程运行的循环性，能够在理解教育评价要求生发的持续性特点基础上，全面把握评价动力生发机制。一方面，思想政治教育评价要求生发的持续性根源于教育主客体评价需要的持续性。上述已经阐明思想政治教育主客体评价需要的生成原因及一般过程，必须注意的是这种需要不是一次性的，而是在教育主客体头脑中持续生成和提出，这是由教育主客体的发展性决定的。根本而言，"社会存在决定社会意识，就人来讲，人的主观世界是在人的生理机能的基础上由自然存在和社会存在决定的，也就是由人的外部世界，特别是人的实践活动决定的"[1]。那么教育主客体参与思想政治教育实践，从中获取了相关内容信息，实现了自身精神层面的转变提升，

---

[1] 陈志尚. 人学原理[M]. 北京：北京出版社，2004：522.

同时就会相应提出评价和自我评价的需要。思想政治教育实践参与的持续性决定教育主客体评价的持续性，进而促进教育评价要求的持续生发。另一方面，思想政治教育评价要求生发的持续性由于教育过程运行的循环性。教育评价是思想政治教育过程中承上启下的关键环节，在实际运行中随着教育过程的循环开展特点和要求持续存在并发挥作用。思想政治教育的长期性要求教育过程的循环开展，在此基础上作为必要环节，教育评价就需要在这一循环开展的教育过程中持续发挥作用，以实现其顺利运行，由此就提出了教育评价要求生发的持续性。总体而言，思想政治教育评价要求的生发机制在其运行基础、一般过程和持续性特点的分析把握基础上得以厘清。

第二节　思想政治教育内生动力转化机制

内生动力转化是生发基础上的必然阶段，是动力推动功能形成的关键环节。把握思想政治教育内生动力的转化机制，厘清内部矛盾关系向发展动力转化、主客体内在需求向行为动机转化、质量评价要求向改革动力转化的一般过程，将进一步深化对思想政治教育内生动力的理解。

一、内部矛盾关系向发展动力转化

矛盾关系相对而言是一种事物存在的状态，其中蕴含着推动促进的强大动力,但这一功能的发挥需要实现由矛盾关系向发展动力的进一步转化。厘清思想政治教育矛盾关系向发展动力的转化过程,把握一般性转化机制,有助于在转化过程中发挥更多的主动性。

(一)认识思想政治教育矛盾关系蕴含的动力属性

马克思主义在深刻认识矛盾关系的本质及其特征的基础上,进一步揭示了其中蕴含的动力属性。列宁在《谈谈辩证法问题》中指出,"发展是对立面的'斗争'"[①],明确了发展与矛盾斗争之间的必然联系,提出发展是矛盾双方斗争的结果,这就点出了矛盾中蕴含的动力属性问题。矛盾双方在相互斗争中推动事物的发展,那么从矛盾关系来看,矛盾的斗争关系蕴含着具有推动促进作用的动力属性。毛泽东在《矛盾论》中进一步阐释,"一切事物中包含的矛盾方面的相互依赖和相互斗争,决定一切事物的生命,推动一切事物的发展"[②],将矛盾关系中蕴含的动力属性进行更为全面的揭示。基于矛盾中对立统一关系的全面把握,其动力属性表现在因相互依存而联结统一的矛盾双方,在相互斗争并在一定条件下向对立面转化中,推动事物的发展。以马克思主义关于矛盾关系动力属性的规律性认识为指导,结合思想政治教育的实际情境,可以深入把握其动力属性的特殊蕴涵。无论是基本矛盾还是在此基础上衍生的各主要矛盾,其矛盾双方都依存于思想政治教育整体之中,因对立统一

---

① 中共中央马克思恩格斯列宁斯大林著作编译局. 列宁选集:第2卷[M]. 北京:人民出版社,2012:557.
② 毛泽东. 毛泽东选集:第1卷[M]. 北京:人民出版社,1991:305.

关系而相互联结。在思想政治教育运行中，矛盾双方相互斗争、相互转化，就提出了协调关系、解决问题的内在要求，这将直接推动思想政治教育的调整转变，并在这一过程中实现发展。从中我们可以明确认识到思想政治教育矛盾关系中蕴含的动力属性。

（二）把握思想政治教育矛盾关系转化为发展动力的条件要求

条件性是矛盾转化中马克思主义突出强调的特性，指出"一定的必要的条件具备了，事物发展的过程就发生一定的矛盾，而且这种或这些矛盾互相依存，又互相转化，否则，一切都不可能"①，阐明了条件对于矛盾转化的关键意义。而基于上述矛盾理论的论证探析，这一转化也是矛盾关系的动力属性激发从而转化为发展动力的关键，因此把握矛盾关系转化的条件要求是遵循理论指导下需要探讨的必要问题。同时，虽然矛盾关系蕴含着动力属性，但并不是所有矛盾关系都能转化为发展动力，转化的条件要求是实现这一过程的关键，因此把握转化的条件要求具有突出的现实必要性。在此基础上，我们结合思想政治教育运行实际来探讨其矛盾关系转化为发展动力的条件要求。对思想政治教育而言，这一条件要求根本上不在于外部因素，而是由于内部要素的运行演化。矛盾关系实质上呈现了一种思想政治教育中存在的要素互动状态，当内部要素运行演化到一定程度，就构成具备了矛盾关系转化的条件要求。正如"当生产关系不适合生产力的发展要求时，它就会阻碍生产力的发展。生产关系每一次合规律的变革，适应生产力发展要求而形成的新的

---

① 毛泽东. 毛泽东选集：第1卷 [M]. 北京：人民出版社，1991：332.

生产关系，都促进了生产力的发展"①，当矛盾关系的要素互动状态难以维持甚至阻碍思想政治教育的实际运行时，这时矛盾关系中的动力属性被激发调动出来，转化为推动思想政治教育变革发展的动力。

（三）厘清思想政治教育矛盾关系转化为发展动力的一般过程

基于对矛盾关系蕴含的动力属性及其转化为思想政治教育发展动力所需条件要求的把握，我们就掌握了厘清转化一般过程的关键。从时间维度来看，首先思想政治教育矛盾关系的形成确立及其演化发展是动力转化的条件准备。矛盾关系是这一转化过程的根本前提和土壤，后续的演化发展都立足于思想政治教育的矛盾关系之上。这一矛盾关系确立之后不是一成不变的，而是随着思想政治教育的运行不断发展演化，实现量变的积累，为质变转化做好条件准备。"量变的每一种变化都影响并改变着质变，量变对质变的这种作用逐渐积累、'沉淀'下去，达到并超过临界点，就必然引起质变。质变不在量变之外，而在量变之中"②。由此看来，随着思想政治教育矛盾关系量变到一定程度，其要素存在状态这一属性也发生变化，就实现质变，即开启矛盾关系转化的实际过程。可以说，当矛盾关系发展到难以维持甚至阻碍思想政治教育运行的状态是转化条件成熟

---

① 陈先达，杨耕. 马克思主义哲学原理：第5版[M]. 北京：中国人民大学出版社，2019：216.

② 陈先达，杨耕. 马克思主义哲学原理：第5版[M]. 北京：中国人民大学出版社，2019：130.

的标志。此时,矛盾关系中的动力属性被激发调动出来,矛盾双方的斗争性不断突出,向对立面转化的趋向不断突显。在思想政治教育实际中,相互矛盾的内部教育要素由对立统一的平衡状态,转变为斗争性占主导,揭示和暴露出思想政治教育的现存问题,提出发展变革的要求,这就在属性上实现了由存在状态向发展动力的转变,将切实发挥推动思想政治教育内涵式变革发展的动力功能。

二、主客体内在需求向行为动机转化

需求本质上是主体的一种思维意志,其中蕴含着主导人实践行动的根本动力,而这一过程需要由主客体需求向行为动机的进一步转化才能实现。厘清思想政治教育主客体需求向行为动机的转化过程,把握一般性转化机制,进而在思想政治教育实际开展中助力主体动力的转化和发挥。

(一)认识思想政治教育主客体需求蕴含的动力属性

从本质上看,马克思主义立足人的角度审视需要,提出"他们的需要即他们的本性"①,主要呈现为主体的思维意志。但需要从根本上还不是动力,可以明确的是其中蕴含着强大的动力属性。一方面,从需要的概念把握中认识思想政治教育主客体需求的动力属性。有学者认为,"需要(need)是指生命物体为了维持生存和发展,必

---

① 中共中央马克思恩格斯列宁斯大林著作编译局. 马克思恩格斯全集:第3卷[M]. 北京:人民出版社,1960:514.

须与外部世界进行物质、能量、信息交换而产生的一种摄取状态"[1]，在揭示需要是人的状态本质的基础上，点明了其中蕴含的摄取的动作趋向。具体而言，摄取相应内容以满足自身作为需要的题中应有之义，是需要成为这一概念的内在规定性，而这也是其动力属性的直接体现。思想政治教育主客体需求必然遵循这一规定性，其内含的摄取思想政治教育相应内容的趋向彰显着动力属性。另一方面，从需要的特征把握中认识思想政治教育主客体需求的动力属性。人的需要具有突出的自觉能动性，"由人的劳动创造的需要，最重要的一个特征就在于，它是以人与自然相分离为基础的，自觉的、有意识的、能动的需要"[2]。这在分析人的需要产生的基础上，突出强调了需要的能动蕴涵，从特征揭示上阐明了其中的动力属性。如上所述，思想政治教育主客体需求是其作为参与者在教育实践中不断激发的，那么其必然显现内含的能动特征，具备引导激励教育主客体行动的动力属性。

（二）把握思想政治教育主客体需求转化为行为动机的条件要求

激发主客体需求的动力属性，进而发挥其动力的推动促进作用，还需要实现由内在需求的进一步转化。一般而言，主体的行动直接由动机支配，正如马克思主义强调的，"外部世界对人的影响表现在人的头脑中，反映在人的头脑中，成为感觉、思想、动机、意志，

---

[1] 陈志尚. 人学原理 [M]. 北京：北京出版社，2004：193.
[2] 陈志尚. 人学原理 [M]. 北京：北京出版社，2004：195-196.

总之，成为'理想的意图'，并且以这种形态变成'理想的力量'"①。其中需求是"理想的意图"的重要方面，而要演变为"理想的力量"，生成直接的行为动机，还需要满足一定的条件要求。一方面，人的需求积累到一定程度是其转化为行为动机的直接条件。人的需求具有突出的发展性，经过实践在主体内部不断实现量的积累。而在这一过程中，需求的积累也意味着内在蕴含的能动作用的积聚，这将直接激发人的行为动机的生成，因而成为需求转化的直接条件。思想政治教育主客体不断积累的需求及其内含的能动性，将作为直接条件促进其参与教育实践的动机生成。另一方面，人对需求实现可能的把握是其转化为行为动机的现实条件。人本身具备自主意识，对盈亏得失有基本的判断并做出行为选择。人在明晰自身需求的基础上，对需求的实现可能有一定的认识和把握，这是其生成行为动机进而付诸实践的现实条件依据。思想政治教育主客体基于对自身相应需求及其实现可能的认识把握，将其作为现实的条件依据影响自身需求的转化、参与和推动教育实践动机的生成。

（三）厘清思想政治教育主客体需求转化为行为动机的一般过程

我们在把握思想政治教育主客体需求蕴含的动力属性及其转化为行为动机所需条件要求的基础上，掌握了厘清这一转化的一般过程的关键。以发展的眼光审视，思想政治教育主客体需求的积累及其实现可能的提升是动力转化的条件准备。需求作为转化的前提要

---

① 中共中央马克思恩格斯列宁斯大林著作编译局. 马克思恩格斯选集：第4卷[M]. 北京：人民出版社，2012：238.

素，是后续演化发展过程得以开展的基础和土壤。基于需求的发展性，人的需求在主体内部不断累积，其中蕴含的能动性也在持续积聚。同时结合对自身能力和外在条件的综合把握，人对实现需求可能的认识不断调整。在思想政治教育整体持续向好的发展趋势中，主客体对其需求的持续积累，以及对实现需求把握的持续加大，为完成其思想政治教育需求向参与教育实践动机的转化做好了条件准备。而当思想政治教育主客体需求及其实现可能积累到一定的程度是转化条件成熟的标志。正如质量互变过程所描述的，"量变在度的范围内进行，是一种保持事物质的稳定的状态，但它同时又是一种向度的边缘或关节点不断推移的趋势，一旦达到并超过度的关节点时，就会引起质变"。[①] 人的需求及其实现把握积累提升到一定程度，即达到所谓"度的关节点"，就满足了需求转化的条件并实现这一过程。此时，思想政治教育主客体在需求及其实现把握积累的支撑下，满足需求的意志非常强烈，转化成为参与思想政治教育实践进而实现满足相应需求的行为动机，在这一过程中也生成了推动思想政治教育发展的主体动力。

三、质量评价要求向改革动力转化

评价作为人认识和把握客观事物的工具，是具备督促推动这一动力属性的活动载体，而要激发这一功能需要实现由质量评价要求

[①] 陈先达，杨耕. 马克思主义哲学原理：第5版 [M]. 北京：中国人民大学出版社，2019：130.

向改革动力的进一步转化。把握思想政治教育质量评价要求向改革动力转化的关键，厘清其一般性转化过程，进而把准助力主动性发挥的转化机制。

（一）认识思想政治教育质量评价要求蕴含的动力属性

评价作为事物发展过程中承上启下的必要环节，具有督促推动的功能价值。聚焦教育领域也是如此，"教育评价事关教育发展方向，有什么样的评价指挥棒，就有什么样的办学导向"①。从中可以看出，评价中蕴含着特有的动力属性。一方面，从评价的工作内容理解中认识思想政治教育质量评价要求的动力属性。"思想政治教育工作质量评价是依据一定的评价标准，用定性与定量相结合的科学方法，对思想政治教育工作的过程及其结果进行价值判断的活动。"② 思想政治教育质量评价聚焦教育工作过程及其结果，在以价值为尺度进行衡量的基础上，通过得出的评价结果对实际效果进行判断。而这项工作从开展内容上对思想政治教育提出了要求，蕴含着督促其有效开展的动力属性。另一方面，从评价的功能把握中认识思想政治教育质量评价要求的动力属性。从功能上审视，思想政治教育质量评价"在评价与判断思想政治教育效果、管理和指导思想政治教育实践、增强思想政治教育实效性方面的重要意义"③。基

---

① 中共中央 国务院印发《深化新时代教育评价改革总体方案》[EB/OL].中华人民共和国中央人民政府，2020-10-13.
② 冯刚，等.高校思想政治教育工作质量评价研究[M].北京：人民出版社，2020：184.
③ 冯刚，等.高校思想政治教育工作质量评价研究[M].北京：人民出版社，2020：21.

于实际效果的评价,思想政治教育质量评价通过优势的明晰、成就的总结提振信心,通过矛盾的揭示、问题的发现指明方向,总体而言提出了要求,蕴含着推动其调整优化的动力属性。

(二)把握思想政治教育质量评价要求转化为改革动力的基本条件

质量评价是一项检查实际效果、发现问题和不足的工作,为调整与改进工作提供依据。质量评价要求蕴含着督促推动的动力属性,而要发挥其功能还需实现向改革动力的进一步转化。同时要完成这一转化,必须充分考虑和认识其中的转化条件,把握转化过程中的关键要素。一方面,思想政治教育质量评价要求与主体需要相契合是其转化为改革动力的直接条件。从改革角度来说,正如改革的概念所表明的,"改革是一定社会制度的自我完善,是统治阶级为了巩固和完善自己建立的社会制度采取的新举措"①,改革根本上依从于主体的需要。因此,与主体需要相契合作为改革的根本条件,直接决定着改革的进行开展。那么思想政治教育质量评价要求要转化为改革动力,必须满足与主体需要相契合的直接条件。另一方面,思想政治教育质量评价要求与教育发展状况相适应是其转化为改革动力的现实条件。"教育实践是进行教育评价的基石。因此,道德教育质量评价应立足于道德教育实践"②,评价要求必然也要立足教育发

---

① 陈先达,杨耕. 马克思主义哲学原理:第5版 [M]. 北京:中国人民大学出版社,2019:227.

② 冯刚,等. 高校思想政治教育工作质量评价研究 [M]. 北京:人民出版社,2020:280.

展实际状况。经过质量评价提出的要求,与当前的发展实际进行匹配,两者的适应状况是其转化为改革动力的现实条件依据。思想政治教育质量评价提出的要求基于与教育发展实际进行匹配,将其作为现实的条件依据影响其向改革动力的转化。

(三) 厘清思想政治教育质量评价要求转化为改革动力的一般过程

通过对质量评价要求蕴含的动力属性及其转化为思想政治教育改革动力所需条件要求的把握,厘清这一转化过程和机制的关键得以掌握。在此基础上,从发展过程来看,思想政治教育质量评价要求与主体需要以及教育发展状况的适应过程是其转化为改革动力的条件准备。如上所述,适应主体需要和现实的教育运行状况既是改革动力生成的基础,更是思想政治教育质量评价要求得以转化的前提。这一适应必然是一个过程,一方面,思想政治教育质量评价要求的提出存在于主体需要和教育发展状况的匹配过程;另一方面,与这两者不相适应的评价要求需要适应主体的需要变化提升和教育状况发展改进的过程。而这一适应过程是必要的量变积累,当其达到相适应的"度",就将开展由评价要求转变为改革动力的质变。因为"质变是一种质的事物向另一种质的事物的变化,而每一不同质的事物总有自己所特有的度,这个度再小也是一定的限量"[1]。由此,当思想政治教育质量评价要求与主体需要以及教育发展状况相

---

[1] 肖前. 马克思主义哲学原理 [M]. 北京:中国人民大学出版社,1998: 226-227.

适应是其转化为改革动力的条件成熟的标志。此时，思想政治教育中以提出矛盾和问题为代表的质量评价要求，与教育者和受教育者等参与主体的需要相契合，与教育发展中解决矛盾问题的基础相适应，落实到思想政治教育实践中就转化为教育的改革动力，切实发挥督促推动教育改革创新、实现内涵式发展的动力功能。

第三节 思想政治教育内生动力凝聚机制

基于对动力构成要素的多维分析，思想政治教育内生动力的合力属性清晰显现。经过生发和转化，推动思想政治教育内涵式发展的各项动力基本成型，这些动力在运行发展过程实现深入凝聚交融，形成整体的内生动力合力。把握思想政治教育内生动力的凝聚机制，厘清个体动力向集体动力、单一动力向整体动力、多向动力向共向动力凝聚的一般过程，将从形成上进一步深化对思想政治教育内生动力的认识理解。

一、个体动力向集体动力凝聚

从思想政治教育中人的维度来看，内生动力从教育参与者个体中生发转化形成，在教育运行实践中经过凝聚合成集体的力量。集体性是思想政治教育内生动力的突出特点，把握个体动力向集体动力的凝聚机制展现出突出必要性。

（一）梳理思想政治教育内部生成的个体动力

个体是教育活动参与者中最普遍的存在，也是思想政治教育动力的基本单元。正如唯物史观所揭示的，"历史是人民群众创造的，同时也是由世世代代无数个人的活动所造就的"①。正是参与思想政治教育的每个个体创造了教育活动实践，依托自身的力量推动其运行发展。从人的层面系统全面认识思想政治教育内生动力，必须着眼个体动力进行考察。从类别上，"思想政治教育者与教育对象是思想政治教育过程的两个基本要素，两者的关系是思想政治教育过程中最基本的关系，也是影响思想政治教育过程运行及效果的重要因素"②。聚焦动力维度，思想政治教育者中的每个个体在价值实现内在需要的持续激励下，基于对教育事业的责任感使命感的有力支撑，以及在落实自身的教育设计想法的积极推动下，经过教育实践参与以个体动力促进思想政治教育的运行和发展。此外，思想政治教育对象中的每个个体作为教育内容的接收者和教育效果的展现者，以个性中共性的需求期待以及具有代表性、合理性的个性需求，为教育供给的组织设计提供依据和参考，在目标导向中推动思想政治教育的有效开展和优化发展。基于这两个方面，思想政治教育中的每个个体都具备自身的动力，在参与教育实践中发挥着个体的功能作用，以基本单元成为内部生成的个体动力。

---

① 陈先达，杨耕. 马克思主义哲学原理：第5版［M］. 北京：中国人民大学出版社，2019：238.
② 陈万柏，张耀灿. 思想政治教育学原理：第3版［M］. 北京：高等教育出版社，2015：150.

(二) 把握个体动力向集体动力凝聚的基本方式

思想政治教育个体动力向集体动力凝聚既是遵循规律的必然趋势，也是适应实际需要的现实举措。从动力本身来看，思想政治教育个体动力从来源、生成过程、作用方式等方面具有同质性，在教育活动运行中必然凝聚成集体动力发挥作用。此外，面对思想政治教育系统的运行模式、复杂问题的解决，需要将个体动力凝聚成集体动力，以实现其运行发展。由此，把握思想政治教育个体动力向集体动力凝聚的基本方式展现出现实必要性。一方面，以共同的目标方向将思想政治教育个体动力向集体动力凝聚。对于参与思想政治教育的每个个体而言，他们都有共同的方向目标。依据主体立场不同，这一方向目标表现在对于思想政治教育的质量提升和获得感增强，而这两者根本上是思想政治教育实效提升的一体两面。由此，以共同方向目标为引领，为此奋斗的思想政治教育个体动力不断凝聚融合，形成着力实现实效提升的集体动力。另一方面，以共同的本质属性将思想政治教育个体动力向集体动力凝聚。从本质上看，无论是教育者还是受教育者，参与思想政治教育每个个体的动力都是由思维意志主导外化为行为实践的精神力量，从中可以得出这些个体动力在形成与作用发挥等各个方面本质都相同。"本质是事物的根本性质，是构成事物各要素之间的内在联系。"[1] 以共同的本质属性为依据，同一类别的思想政治教育个体动力不断凝聚融合，形成

---

[1] 陈先达，杨耕. 马克思主义哲学原理：第5版 [M]. 北京：中国人民大学出版社，2019：98.

紧密联系的集体动力。

(三) 认识思想政治教育内生动力的集体性特点

聚焦思想政治教育内生动力整体而言，其作为集体的合力，具有突出的集体性。从根本上认识思想政治教育内生动力的集体性，既要从来源上又要从作用方向上进行审视，从而在以群体范围维度考察内生动力发展始终的基础上，确证思想政治教育内生动力的集体动力属性。一方面，思想政治教育内生动力来源于个体基础上的集体。如上所述，参与思想政治教育的个体动力是内生动力的基本单元，因其同质性并在共同目标方向引领下，于教育实践中不断凝聚融合。"无数个体的精神动力相互作用、相互影响，需要有一种组织的力量来统一思想认识，让各个单独的精神力量同向运动、统一行动，从而形成一定的集体精神动力。"① 由此，在来源上思想政治教育内生动力的集体性表现在，其是个体动力在经过共同目标方向引领不断凝聚融合基础上形成的集体动力。另一方面，思想政治教育内生动力作用于参与教育的集体中的个体。思想政治教育内生动力的形成根本在于作用的发挥，从人的维度审视其作用方向，可以把握内生动力突出的集体性。一般意义上，凝聚形成的思想政治教育集体动力指向集体自身，通过促进作为集体的教育主客体与其他教育要素的相互作用，推动教育主客体整个集体的变化发展。而根本上，这种作用是落实到参与思想政治教育互动的每个个体的，在

---

① 冯刚，彭庆红，余双好，等. 新时代高校思想政治教育学原理 [M]. 北京：人民出版社，2021：143.

内生动力的推动下集体中的每个个体都实现成长和进步,进而在个体发展中集中表现为内生动力作用下集体的发展。

二、单一动力向整体动力凝聚

从构成要素维度来看,内生动力是由矛盾基础上主体、客体、评价等单一动力,在教育运行实践中经过凝聚合成的整体力量。思想政治教育内生动力展现出整体性特征,为深入理解这一特征必须把握单一动力向整体动力的凝聚机制。

(一)梳理思想政治教育内部生成的单一动力

要素是构成思想政治教育系统的基础,"思想政治教育系统的运行结构是由其内部框架结构要素之间相互依存、相互支持、相互制约形成的"[①] 有机统一体。从动力维度来看,思想政治教育的构成要素也是各项动力的基本载体。从属性上加以考察,思想政治教育各要素蕴含形成的动力本质上是单一动力,在教育实践中各自发挥着特有的功能作用。着眼教育主体要素,作为思想政治教育活动中最具创造力的要素,教育主体以需求、信念等主导下的强大精神意志,驱动自身的主体性发挥,作用于思想政治教育整体及其各要素,从而提供促进其内涵式发展的主体力量。着眼教育客体要素,作为思想政治教育活动的出发点和落脚点,教育客体以自身的需求期待,主导自身在教育实践参与中的选择与行动,为思想政治教育整体及

---

① 冯刚,彭庆红,佘双好,等.新时代高校思想政治教育学原理[M].北京:人民出版社,2021:26.

其他相关要素的调整优化提供了依据和参考,从而发挥着推动思想政治教育内涵式发展的客体动力。着眼教育评价要素,作为思想政治教育的重要内在环节,教育评价通过开展应然与实然的比较等工作内容,产出成就总结、矛盾揭示、问题发现等工作成果。这一工作本身及其成果发挥着监督促进作用,持续提供推动思想政治教育内涵式发展的评价动力。基于以上几个方面,思想政治教育中的不同要素都具备自身的动力,在教育实践运行中发挥着各自的特有功能作用,以构成整体动力系统中的单一动力。

（二）把握单一动力向整体动力凝聚的基本方式

思想政治教育单一动力向整体动力凝聚是各教育要素系统运行的必然结果。从要素来看,"无论是高校思想政治教育系统的框架结构,还是运行结构,单独的一个部分不具有作为整体的高校思想政治教育的功能……只有这些要素之间相互联系、相互支撑、相互作用,才能涌现出作为整体的高校思想政治教育的新功能"[1]。聚焦动力维度也是如此,思想政治教育各要素在有效互动中维持其系统运行,同时单一动力也在凝聚中实现整体动力的功能发挥。为此,把握思想政治教育单一动力向整体动力凝聚的基本方式展现出现实必要性。一方面,以共同的方向目标将思想政治教育单一动力向整体动力凝聚。构成思想政治教育整体的各个要素,从根本上都服从和服务于共同目标的实现。在这一目标及其蕴含的方向指引下,各教

---

[1] 冯刚,彭庆红,佘双好,等. 新时代高校思想政治教育学原理[M]. 北京：人民出版社,2021：26.

育要素具备的单一动力在相互作用的系统运行中彼此支撑、有机融合，凝聚成覆盖思想政治教育各个方面、发挥整体推动作用的强大合力。另一方面，以共同的矛盾联系将思想政治教育单一动力向整体动力凝聚。从根源上看，由思想政治教育要素各自生成的单一动力，往往都建立在矛盾联系的基础上。立足于思想政治教育基本矛盾，各要素在教育具体环节有不同的矛盾表现，在对立统一中生成动力。在整体的思想政治教育矛盾体系中，各教育要素具备的单一动力在根源相同、相互交织的矛盾联系中有机融合，凝聚成致力于思想政治教育基本矛盾解决的整体合力。

（三）认识思想政治教育内生动力的整体性特点

基于构成要素的考察视角，思想政治教育内生动力是整体的合力，展现了突出的整体性。深入认识把握思想政治教育内生动力的整体性，既要从形成过程，又要从作用方向上进行审视，立足于对内生动力发展始终的考察，确证思想政治教育内生动力的整体动力属性。一方面，思想政治教育内生动力是建立在单一动力凝聚基础上的整体。从不同层面而言，思想政治教育内生动力具有多重性，既指代系统化、全面性的整体合力，也意指具体的、微观的单一动力，而这两重意涵之间又有着密切联系。如上所述，各教育要素生成的单一动力是内生动力的要素单元，由于共同目标方向引领和根本矛盾关系维系，在思想政治教育运行实践中不断凝聚融合。从完整意义上看，思想政治教育内生动力是包含各单一动力并立足其上凝聚融合而成的整体合力，展现突出的整体性。另一方面，思想政治教育内生动力作用于教育整体中的各个要素。作用发挥是思想政治教育内生动力落实落地，从而得以价值实现的关键，从中我们可以在作用方向上认识内生动力的整体性。普遍而言，完全意义上的思想政治教育内生动力着力于教育整体，在促进教育的系统构建、体系优化的基础上，推动教育整体的变化发展。而实际上，这一作用过程是依靠和落实到支撑思想政治教育运行的各个要素的，基于内生动力的有力推动，整体中的各个思想政治教育要素都在互动加强中提升进步，由此呈现内生动力作用下要素发展基础上的整体发展，从中反映出思想政治教育内生动力的突出整体性。

三、多向动力向共向动力凝聚

从作用方向维度来看，内生动力是各要素相互作用基础上的多向动力，在思想政治教育运行实践中经过凝聚合成的共向力量。由此思想政治教育内生动力呈现共向性的突出特征，必须着力把握多向动力向共向动力的凝聚机制。

（一）梳理思想政治教育内部生成的多向动力

方向性是动力固有的本质属性，与动力的生成要素相关，因其明确的指引效果成为动力区分的重要标志。考察动力的方向，仍需要聚焦动力的本质。简单而言，动力就是相互作用，必然具备施力事物和受力事物两个要素，那么动力的方向就呈现为施力事物向受力事物的作用方向。基于对动力方向性的认识，我们就掌握了梳理思想政治教育内部生成的多向动力的关键钥匙。从教育要素考虑，第一，立足教育主体审视动力方向。教育主体作为动力载体，以主观能动性为内在支撑，在与其他教育要素相互作用中发挥动力功能，推动各要素以至思想政治教育的整体发展。在把握这一互动机制的基础上，以教育主体为施力事物进行考察，与之相互作用的其他教育要素为受力事物，动力方向则呈现为以教育主体为核心、以各教育要素为指向的发散性样态。第二，立足教育客体审视动力方向。教育客体作为动力载体，凭借自身以需求期待为代表的意志行动，为教育主体及其他要素的调整优化提供参考，在此基础上推动思想政治教育的发展完善。以教育客体为施力事物进行考察，其直接作用于教育主体并借之影响其他教育要素，动力方向则呈现为教育客体与各教育要素之间、以教育主体为中介的基本样态。第三，立足教育评价审视动力方向。教育评价作为动力载体，具有监督促进的动力功能，通过提供评价反馈为教育主客体能动性的发挥提供依据，进而实现思想政治教育的改革发展。以教育评价为施力事物进行考察，其在工作开展和结果反馈中影响教育主客体从而传导至其他教育要素，动力方向则呈现为教育评价与各教育要素之间、以教育主客体为中介的基本样态。

（二）把握多向动力向共向动力凝聚的基本方式

思想政治教育多向动力向共向动力凝聚既是动力功能发挥最大化的必然要求，也是思想政治教育系统运行的必然趋势。从动力本身来看，不同方向的思想政治教育内生动力在矢量叠加中既会合成增强，也会一定程度的平衡消解。为了最大程度地发挥内生动力的功能作用，必须将思想政治教育多向动力向共向动力凝聚。此外，在思想政治教育系统运行中，各要素具备的多向动力经过相互作用，逐步交织融合最终凝聚成共向动力。总的来说，无论是要求使然还是发展必然，把握思想政治教育多向动力向共向动力凝聚的基本方式展现出现实必要性。一方面，以共同目标将思想政治教育多向动力向共向动力凝聚。一般而言，思想政治教育多向动力往往具有各自指向的具体目标，致力于其完成和实现。而这些具体目标都是思想政治教育实效提升的共同目标在各环节、各方面的体现。发挥共同目标的联结引领作用，提供思想政治教育内生动力共同的方向指引，在同向同行中实现由多向动力向共向动力的凝聚。另一方面，以共同的要素基础将思想政治教育多向动力向共向动力凝聚。思想政治教育中各种内生动力无论方向上呈现的差异性多大，根本上都源自各教育要素的相互作用。由此可以看出，思想政治教育的多向动力具有共同的要素基础，这就为共向动力的凝聚提供了可能。在思想政治教育系统运行中，立足共同的教育要素基础，通过施力事物和受力事物的规划调整，将多向动力凝聚成指向思想政治教育内涵式发展的共向动力。

（三）认识思想政治教育内生动力的共向性特点

从方向上审视，思想政治教育内生动力是共向的合力，展现出突出的共向性。全面把握思想政治教育内生动力的共向性，既要探究其形成过程，又要着眼其作用发挥，基于对内生动力发展全程的审视，确证思想政治教育内生动力的共向动力属性。一方面，思想

```
┌─────────────────────────────────────┐
│  内生动力      ▷ 矛盾关系生发        │
│  生发机制      ▷ 主客体需求生发      │
│                ▷ 评价要求生发        │
└─────────────────────────────────────┘
                    ⬇
┌─────────────────────────────────────┐
│  内生动力      ▷ 矛盾关系转化为发展动力  │
│  转化机制      ▷ 主客体需求转化为行为动机│
│                ▷ 评价要求转化为改革动力  │
└─────────────────────────────────────┘
                    ⬇
┌─────────────────────────────────────┐
│  内生动力      ▷ 个体动力凝聚成集体动力  │
│  凝聚机制      ▷ 单一动力凝聚成整体动力  │
│                ▷ 多向动力凝聚成共向动力  │
└─────────────────────────────────────┘
                    ⬇
┌─────────────────────────────────────┐
│         思想政治教育内生合力          │
└─────────────────────────────────────┘
```

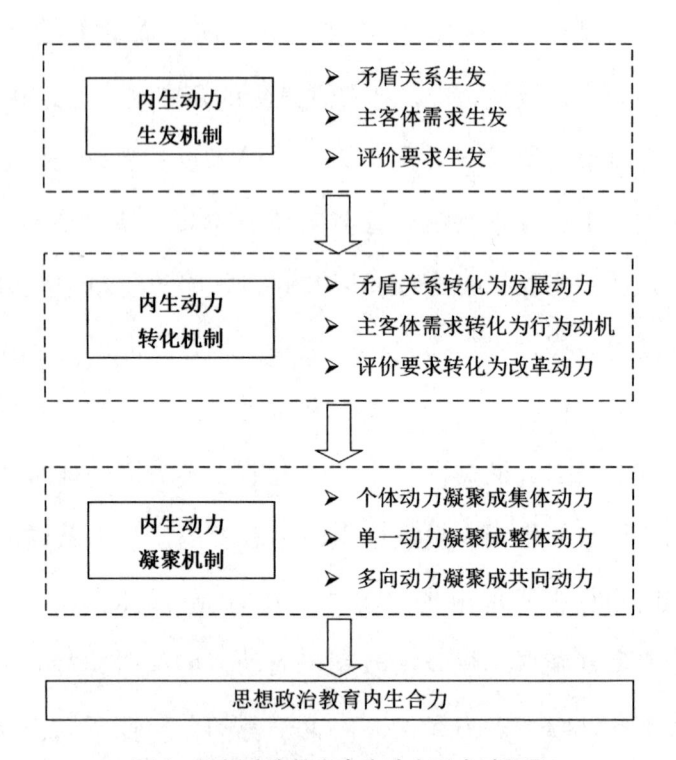

图4　思想政治教育内生动力形成过程图

政治教育内生动力是动力多向基础上凝聚的共向。一般而言，动力作为一个矢量，在运行过程中既有能量的汇聚，也有方向的叠加。在思想政治教育这个要素多元、互动频繁的系统中，动力的这一特性表现得尤为明显，突出呈现为内生动力的多向性。同时，整体性意义上的内生动力是多元具体动力的集合，在思想政治教育共同目标引领和共同要素联系的基础上，多向的内生动力不断交汇融合，凝聚成共同推动思想政治教育实效提升的共向动力，展现出多向基础上突出的共向性。另一方面，思想政治教育内生动力借助共向性推动多向功能的发挥。整体的思想政治教育内生合力强调"依靠学科自身力量基础上的内涵式发展转化，推动高校思想政治教育的增量改革和渐进提升，达到新高度"①，这也是内生动力的共同指向。在这一共向性的指引下，内生动力着力推进思想政治教育整体的发展变革，在这一过程中动力的作用具体要落实到各项实际工作的开展、各微观目标的实现上。聚焦作用发挥，内生动力进一步推动施力事物向受力事物施加作用，从而在不同方向上落实动力功能、实现变革发展，由此呈现内生动力在多向功能发挥中共向推进。

思想政治教育内生动力是一个多层次、结构化的复杂系统，其内含的多元要素在内在运行机制的引导和推动作用下，经过生发、转化和凝聚的系列过程，形成致力于促进思想政治教育内涵式发展的协同合力。把握厘清思想政治教育内生动力的形成过程及其内在机制，对于切实深化对思想政治教育内生动力的规律性认识具有关键价值。

---

① 冯刚，彭庆红，佘双好，等. 新时代高校思想政治教育学原理 [M]. 北京：人民出版社，2021：6.

第五章

思想政治教育内生动力的激发提升

思想政治教育内生动力研究根本在于激发提升，对思想政治教育内生动力概念内涵、构成要素和形成机制的把握，为找准思想政治教育内生动力的激发提升路径奠定了基础。以思想政治教育内生动力的构成要素为基本框架，立足内生动力形成机制的规律性把握，从教育主客体、教育矛盾、教育评价等方面着力激发思想政治教育内生动力，并在凝聚融合中强化整体合力，进而实现思想政治教育内生动力的有力提升。

第一节 激发思想政治教育主客体的主动创造性

主客体是思想政治教育活动中具有突出创造性的两个基本要素，处于要素结构中的核心位置，直接影响着思想政治教育的运行过程及效果。基于对思想政治教育主客体中蕴含的内生动力的把握,激发内生动力的现实着力点也得以揭示。通过激发思想政治教育主客体的主动创造性进而提升内生动力,需要在价值实现和使命引领中激发思想政治教育者的创造力,在需求满足和供给提升中发展思想政治教育对象的需求,在促进教育者和教育对象的良性互动中激发主客体活力。

一、在价值实现和使命引领中激发思想政治教育者的创造力

思想政治教育者在主体性发挥中生成的精神创造力,是内生动力的重要组成部分。为提升思想政治教育内生动力,聚焦教育者层面,必须在着力增强教育者的价值实现和使命引领中进一步激发创造力。

(一)激发思想政治教育者的创造力是提升内生动力的重要着力点

作为主导者、组织者和实施者,思想政治教育者在教育运行和发展中发挥着特有的主体能动作用。这一角色和功能进一步强化了思想政治教育者具备的动力属性,赋予其区别于其他参与主体的独特动能。于思想政治教育者而言,其受价值实现内在需要的持续激励,基于自身教育责任感、使命感的有力支撑,在积极落实关于教育的预期和设想中,推动促进思想政治教育内涵式发展,在这一功能发挥中其作为内生动力的价值属性充分彰显。着眼思想政治教育者的动力生成过程可以发现,其内生动力根本上源于教育者自身的创造性。"思想政治教育者的创造性是指在思想政治教育过程中具有与时俱进、开拓创新的精神和能力。"[①] 在内生动力生成过程中，思想政治教育者的创造性实现由主体意志观念向创造力的动力转化。由此，在思想政治教育者维度，为提升内生动力，关键在于持续激发其创造力。而思想政治教育者创造力的激发，则应关注其内在需要的满足和主体意识的调动。着眼思想政治教育者的内在需要，深刻认识其作为教育主体的价值实现需要、需要满足的强大精神激励以及需要的持续发展性，在此基础上着力促进教育者的价值实现以激发创造力。着眼思想政治教育者的主体意识，切实把握其作为教育主体的使命任务、使命担当的主体意识觉醒以及主体意识的能动作用，在此基础上着力强化教育者的使命引领以激发创造力。

（二）着力促进思想政治教育者的价值实现以激发创造力

从本质上看，价值是人在需要提出和满足过程中把握的特定关系，这种特定关系随着人的实践发展逐步从人与物之间拓展到人与人之间。"从根本上说，人的价值就在于，它是一种创造价值的价值。"[②] 人既是自身的主体，也是社会的主体，对于自身和社会创造的价值就是人的价值，而完成这一价值创造将带给人具有积极情感体验的价值实现感。这种价值实现感生发于人创造自身价值这一需求的满足，因而带来的积极情感体验也将进一步激发实现自身价值

[①] 《思想政治教育学原理》编写组．思想政治教育学原理：第2版［M］．北京：高等教育出版社，2018：186．

[②] 陈先达，杨耕．马克思主义哲学原理：第5版［M］．北京：中国人民大学出版社，2019：173．

的需求和获得新的积极情感体验的渴望,提供给人行动实践以创造价值的强大动力。由此,促进思想政治教育者的价值实现是激发其创造力的现实着力点。而促进思想政治教育者的价值实现需要依靠内在因素和外在条件的共同作用。内在因素是根本基础,引导思想政治教育者深刻认识教育主体的价值内涵及其实现的必要性,以强化教育者的价值实现意识,在此基础上帮助教育者切实增强自身专业素养,以提升其价值实现能力。外在条件是重要保障,思想政治教育者价值实现的奋斗实践需要党和国家关于思想政治教育的政策要求以及人才培养目标的引导,需要物质和精神各方面肯定的激励,以及思想政治教育者专业发展等各项制度的支持,以保障思想政治教育者的价值实现。着力激发内在因素、完善外在条件,在切实促进思想政治教育者的价值实现、推动价值实现需求和实践的循环中,激发为思想政治教育创新创造的生动力量。

(三)着力强化思想政治教育者的使命引领以激发创造力

一般而言,使命"植根于主体自觉意识,是主体自身出于自觉、自主而内生的一种对人生或社会、他人的责任感知,对自我意义的追寻和对自我实现的努力"①。从本质上看,使命也是客观见之于主观的意识反应,是在明确自身在所从事的工作中的定位基础上,由责任感驱动和支撑的内在意志。与主体其他内在意志相同,使命在一定条件下内含的动力属性得以激发,从而转化为指导行动的有效动机。主体在内在使命的引领下,积极投身所从事的工作和事业,

---

① 张丽敏.教师使命的内涵及特征探讨[J].教师教育研究,2012(6):9.

在实践行动中落实和履行使命，同时推动事物的进步发展。由此，强化思想政治教育者的使命引领是激发其创造力的现实着力点。而强化思想政治教育者的使命引领重在增强其使命感，打牢引领作用发挥的内在基础。引导教育者深刻认识思想政治教育在帮助教育对象养成时代和社会发展需要的思想政治素质中的重要功能，切实强化教育者对于自身所从事的工作的认同，进而在对思想政治教育事业的认同提升中增强自身使命感。在此基础上，引导教育者充分认识自身在思想政治教育育人作用发挥中的关键价值，明确自身主导者、组织者、实施者的角色定位，有效强化教育者对于自身价值的认同，进而在认同自身价值中增强使命感。着力帮助思想政治教育者明确所从事事业的价值和自身在其中的价值，在强化事业认同和自我认同的有机结合中，切实增强教育者的使命感，激发推动思想政治教育创新发展的内生动力。

二、在需求满足和供给提升中发展思想政治教育对象的需求

思想政治教育对象的需求引导和推动教育的改革发展，发挥作为内生动力的促进作用。从教育对象层面激发提升思想政治教育内生动力，需要在需求满足和供给提升中发展教育对象的需求。

（一）发展思想政治教育对象的需求是提升内生动力的重要着力点

对思想政治教育对象需求的重视根源于对教育对象主体性的确证。基于"对传统思想政治教育无视受教育者主体地位和主体性的

批判。确定受教育者为主体,发挥受教育者的主体性,是现代思想政治教育的基本指导思想"①。那么,作为参与者和接受者的思想政治教育对象在教育运行和发展中也扮演着主体角色,发挥着重要的能动作用。这种能动作用表现在思想政治教育对象依据自身的需求,相对独立地作出判断和选择,自主调节自身的参与和接受行为,同时提出相应的要求和期待,以作用于思想政治教育。在这一过程中,以教育对象的需求为逻辑起点,以思想政治教育改进发展为逻辑终点,呈现出教育对象需求期待目标导向力的作用发挥。为激发提升内生动力,实现这一动力发挥过程,就要保障作为逻辑起点的思想政治教育对象需求。持续的教育对象需求,才能支撑持续的思想政治教育对象主体性发挥,才有内生动力持续地激发提升。由此,发展思想政治教育对象的需求是提升内生动力的重要着力点,而从教育者的角度考虑,教育对象需求发展的关键在于其需求的不断满足和教育供给的持续提升。从逻辑关系进行审视,思想政治教育对象需求的发展是其需求不断得以满足的结果,这就依靠教育者组织的教育供给的持续提升。由此以教育者的主动性发挥带动教育对象的主动性发挥,进而从教育对象层面促进思想政治教育内生动力的激发提升。

(二) 在需求满足中激发思想政治教育对象新的需求

发展新的需求的关键在于满足现有的需求,这是因为人的需要

---

① 张耀灿,郑永廷,吴潜涛,等. 现代思想政治教育学 [M]. 北京: 人民出版社,2006: 276.

是无限发展的。马克思主义深刻认识到人的需要的发展性，指出"已经得到满足的第一个需要本身、满足需要的活动和已经获得的为满足需要而用的工具又引起新的需要"①。其中马克思主义在肯定人的需要发展的基础上，强调了已经得到满足的需要本身对于需要发展的条件性作用，这就点明了需要满足这一发展思想政治教育对象需要的重要方式。此外，已经得到满足的需要与新的需要之间呈现升级关系，"随着生产和交往活动的不断发展，人的需要也相应地不断发展……由简单到复杂，由低级到高级，逐步向上提升"。② 由此，在不断守正创新的思想政治教育活动实践中，教育对象的需求在现实满足的基础上，持续发展出新的更高层次的需求。由此，从教育对象维度提升内生动力的前提——激发思想政治教育对象新的需求的关键得以把握。思想政治教育应在着力满足教育对象相应需求期待上下功夫，以改善和提升教育供给为根本，充分发挥教育者在组织设计教育内容、教育方法、教育载体等以优化教育供给中的主体性作用，持续跟进教育对象研究，综合运用问卷调研、专题访谈、行为观察等多种方式，切实在把握教育对象思维方式、行为习惯等实际特点的基础上，找准教育对象需求以提升需求满足实践的针对性和实效性。

（三）在供给提升中发展思想政治教育对象的需求

基于对需求满足是需求发展的前提的明确，从教育对象维度提

---

① 中共中央马克思恩格斯列宁斯大林著作编译局. 马克思恩格斯选集：第1卷 [M]. 北京：人民出版社, 2012：159.
② 陈志尚. 人学原理 [M]. 北京：北京出版社, 2004：197.

升思想政治教育内生动力的重点就聚焦到教育对象的需求满足上。立足教育者视角,满足教育对象的相应需求期待,着力点在于组织优化教育设计,提供更加优质的教育供给。教育供给是教育者主导下,以教育内容、教育方法、教育载体等要素的有效组织为依托,为教育对象所接受的内容组合。无论是从应然设计考虑,还是为强化实然效果,思想政治教育供给都以教育对象的需求期待为依据和遵循,并指向教育对象需求期待的满足。"思想政治教育过程中的供给也要与需求相适应,这不仅是提升思想政治教育效果的基本要求,同时也是推动思想政治教育持续发展的重要内在动力。"[1] 为实现思想政治教育内生动力的功能作用,应当以更好满足教育对象的需求期待为指向,着力优化提升教育供给。立足现有教育供给优化研究,"面对思想政治教育供给主体的多元转向,要在充分认识各教育主体特点的基础上,实现多元供给主体的优化配置,提高思想政治教育供给结构的科学性和有效性"[2]。一方面,根据教育对象需求优化教育主体结构,整合思政课教师、辅导员、党政干部等多个群体的力量,在信息互通、协作互助中满足教育对象多元化、发展性的需求期待。另一方面,根据教育对象需求优化教育供给方式,在把握教育对象思维方式和行为习惯等特点的基础上,推动信息技术、组织活动等融入教育供给,着力提升供给效率和效果。

---

[1] 冯刚. 增强高校思想政治教育持续发展的内生动力 [J]. 中国高等教育, 2017 (Z2): 27.

[2] 冯刚. 探索思想政治教育发展的内生动力 [M]. 北京: 人民出版社, 2017: 224-225.

三、在促进教育者和教育对象的良性互动中激发主客体活力

思想政治教育本质上是教育者和教育对象之间的实践活动，内生动力的提升有赖于主客体作用的发挥。着力促进教育者和教育对象的良性互动，从中激发主客体活动，在作用发挥中提升思想政治教育内生动力。

（一）促进教育者和教育对象的良性互动是提升思想政治教育内生动力的重要着力点

从教育活动本质来看，"思想政治教育过程是思想政治教育主体发挥主导作用与思想政治教育客体发挥主动作用的互动过程"[①]。那么，思想政治教育的运行和发展在教育主客体的相互作用中实现，激发提升内生动力有赖于教育者和教育对象的良性互动。从内生动力本质来看，"思想政治教育内生动力是思想政治教育内部各要素之间相互作用而生发转化凝聚的，促进其自身发展的内在推动力量"[②]。内部各要素的相互作用是思想政治教育内生动力的生发根源，而教育者和教育对象作为要素结构的核心，促进其二者的良性互动是激发提升内生动力的关键。教育者和教育对象的良性互动能够在促进思想政治教育有序开展和运行的基础上，提升主客体本身活力及其作用发挥水平，推动教育各要素的革新进步和协调配合，

[①] 冯刚，彭庆红，佘双好，等. 新时代高校思想政治教育学原理［M］. 北京：人民出版社，2021：204.

[②] 冯刚，朱宏强. 思想政治教育内生动力的理论审思［J］. 马克思主义理论学科研究，2022（6）：106.

在进一步加强各要素之间的相互作用中激发提升思想政治教育的内生动力。由此，应当在促进教育者和教育对象的良性互动上下功夫，着力明确共同目标以发挥引领作用进而凝聚两者良性互动的思想共识，切实提升以教育者为组织核心的教育供给与教育对象需求期待的匹配度，在供需相匹配中增强两者良性互动的效率和实际效果，以切实有效的相互作用激发提升思想政治教育的内生动力。

（二）在强化共同目标引领中促进思想政治教育者和教育对象的良性互动

"人类的实践活动是有目的的活动，贯穿和体现着作为实践主体的人的意图和目的，思想政治教育也不例外。"① 无论是教育者的教书育人活动，还是教育对象的学习接受活动，都受各自目标的引领，其开展的实践活动本质上是实现自身目标的过程。虽然立场与视角不同，教育者和教育对象的目标具有很强的一致性，从不同维度表达对思想政治教育实效的追求。以这一共同目标为引领，教育者与教育对象能够更加感知理解彼此的思想和行为，以更直接有效的方式交流互动，在相互作用中更好认同和接受彼此的影响。由此，共同目标在促进思想政治教育者和教育对象良性互动中的关键价值得以展现，强化共同目标引领成为主体维度激发提升内生动力的重要着力点。为此，首先应着力凝聚教育者和教育对象的目标共识。基于对教育者和教育对象实际的把握，聚焦二者借助思想政治教育想

---

① 沈壮海. 新编思想政治教育学原理［M］. 北京：中国人民大学出版社，2022：149.

要完成的目标，进行系统梳理、深入分析、有效整合，既要考虑教育者主导开展教育活动的需要，也要把握教育对象对教育供给提出的期待，进而凝聚起切合教育实际、反映多元需求、指向思想政治教育实效提升的目标共识。在此基础上，强化共同目标的引领作用发挥，将共同目标转化为各具体目标，融入思想政治教育各个环节、活动之中，从而将教育者和教育对象的共识凝聚、力量汇聚，由此开展更加切实高效的活动，从中持续生发思想政治教育内生动力。

（三）在提升供需匹配度中促进思想政治教育者和教育对象的良性互动

教育者和教育对象的互动关系集中反映在供给与需求的匹配上。"供给和需求是相互匹配、相互对照的两个方面，也是思想政治教育实效产生和学生获得感生成的源头所在。当思想政治教育专业的课程供给与学生需求相匹配时，学生更容易调动内生动力，促进对课程供给的认识、认同并内化，提升学习效率和效果。"[①] 而供给与需求不匹配，就从主观能动上消减了积极性，阻碍了教育者和教育对象的有效互动。由此，供需匹配在促进思想政治教育者和教育对象良性互动中的关键价值得以彰显，提升供需匹配度成为主体维度激发提升内生动力的重要着力点。在供需关系中，占据主导地位的教育者应当切实发挥主观能动性，在促进供需匹配上下功夫。一方面，教育者需持续开展需求调研，密切关注教育对象的需求变化，准确

---

① 朱宏强. 思想政治教育专业课程建设中的供给与需求 [J]. 学校党建与思想教育，2021（5）：16.

明晰其对思想政治教育的期待，在此基础上匹配自身的需求，在调动内在积极性的同时明确教育工作开展的重点，进而在实现供需协调中促进与教育对象的良性互动。另一方面，教育者作为供给结构的核心，面向教育对象需在密切关注需求变化、准确把握需求实际的基础上，及时更新教育内容，拓展教育方法和载体，在自身的专业素养提升中有效组织起适应教育对象需求的教育供给，由此切实提升供给和需求的匹配度，进而在助力教育者和教育对象相互作用中促进思想政治教育内生动力的持续激发。

第二节 发挥思想政治教育矛盾的可持续推动作用

矛盾是思想政治教育内部存在并贯穿始终的，在促进教育各要素有效互动、提出并落实教育改革创新要求的过程中展现内生动力的功能价值。基于此，矛盾是探究思想政治教育内生动力激发提升的重要关注点。为进一步发挥矛盾的可持续推动作用以提升思想政治教育内生动力，需完善矛盾—动力转化机制以提高动力生成效率，切实把握实践发展中的矛盾变化以改善动力生成效果，聚焦矛盾解决推进教育改革创新以落实动力作用。

一、完善思想政治教育矛盾—动力转化机制

从客观存在的矛盾关系到具有推动促进作用的动力，其中存在

191

的转化阶段是思想政治教育内生动力生成并实现功能发挥的关键。在理论和实践发展中,基于对规律的把握和运用,思想政治教育矛盾—动力的转化机制得以揭示并逐步明晰。从矛盾视角研究内生动力的激发提升,进一步完善思想政治教育矛盾—动力的转化机制是重要着眼点。

(一)完善思想政治教育矛盾—动力转化机制是激发提升其内生动力的重要突破口

矛盾是思想政治教育中普遍存在并贯穿始终的内在关系,这一关系中蕴含着突出的动力属性。"使人们的思想品德从'现有'水准提高到'应有'水准,解决这个特殊矛盾就是思想政治教育的存在方式和表现形式"。[①] 在矛盾解决的过程中,其指向思想政治教育发展的动力属性得以激发,实现由矛盾关系向动力的转化。经过长期的理论和实践发展,我们在把握和运用规律的基础上,深刻认识到思想政治教育中由矛盾向动力转化存在一般性机制,有待进一步探讨和明确。聚焦机制本身,"机制是由系统内要素按照一定组合方式构成的整体,各要素的功能和组合方式决定着系统机制的功能发挥,只有通过各要素之间的相互作用和整体机制的有效运行才能实现各要素的功能,达到特定的效果"[②]。基于此,矛盾—动力转化机制作为思想政治教育系统中各要素相互作用的过程和功能,以相对

---

① 张耀灿,郑永廷,吴潜涛,等.现代思想政治教育学[M].北京:人民出版社,2006:6.
② 冯刚,彭庆红,余双好,等.新时代高校思想政治教育学原理[M].北京:人民出版社,2021:236-237.

稳定的规则和形式推动开展矛盾关系向动力的转化，因其具备的这一作用，从矛盾视角研究内生动力的激发提升中，思想政治教育矛盾—动力转化机制成为重要着眼点。在现有认识基础上，进一步完善思想政治教育矛盾—动力转化机制，以保证从矛盾关系向动力的有序、高效、顺利转化，是激发提升内生动力的重要突破口。

（二）在厘清机制本身中完善思想政治教育矛盾—动力转化机制

在理论和实践发展中，思想政治教育机制在整体上得到探索和推进，我们对机制本身的认识也在逐步明晰深化。这就为思想政治教育矛盾—动力转化机制的进一步完善奠定了基础，以整体的机制发展引领矛盾—动力转化机制的优化完善。当前对于思想政治教育机制形成的共识主要体现在以下几个方面："一是它是思想政治教育各构成要素形成的稳定关系；二是其功能实现依靠系统内各要素的有序作用和功能的耦合；三是它是一个按一定方式有规律地运行着的动态过程"。[①] 关于思想政治教育机制的共识，为矛盾—动力转化机制的自觉构建和主动完善提供了借鉴。首先，机制作为各构成要素形成的稳定关系，其构建和完善的重要着力点就在于，厘清思想政治教育由矛盾向动力转化过程中各要素持续的、稳定的、常态化的互动关系，从而逐步确立为系统有效的转化机制。其次，机制依靠要素作用基础上有序组合以实现功能发挥，为此构建和完善机制就要探寻矛盾向动力转化过程中思想政治教育各要素的系统组合、

---

① 冯刚，彭庆红，余双好，等. 新时代高校思想政治教育学原理 [M]. 北京：人民出版社，2021：237.

有效作用，从而完善实现功能最优化的转化机制。最后，机制作为规律支撑的、以特定方式运行的动态过程，其构建和完善关键在于发现思想政治教育矛盾向动力转化过程中的规律性认识，在此基础上加以运用，从而形成实现各要素高效互动以促进转化为有序运行的组合方式，由此完善切实有效的转化机制。

（三）在深化规律认识中完善思想政治教育矛盾—动力转化机制

机制是主体立足于实践基础上对经验和规律的把握，进而提出的"工作系统的组织或部分之间相互作用的过程和方式"[1]。从根本上看，规律是机制的根基和依据。马克思主义深刻揭示了规律的内涵，指出"规律就是关系……本质的关系或本质之间的关系"[2]，正是因为规律对本质关系的触及，就为机制的设置提供了最为切实有效的依据。同时马克思主义还肯定了规律的稳定性特征，"除了永恒变化着的、永恒运动着的物质及其运动和变化的规律以外，再没有什么永恒的东西了"[3]，而规律的稳定性、不变性为机制的持续性、有效性奠定了基础。那么思想政治教育矛盾—动力转化机制的构建和完善，关键在于由矛盾关系向动力转化过程中对各要素间相互作用反映的规律的把握。立足教育实践，在认识观察和深入剖析由矛盾关系向动力的转化过程基础上，把握其中要素之间相互作用的内

---

[1] 中国社会科学院语言研究所词典编辑室. 现代汉语词典：第7版［M］. 北京：商务印书馆，2016：600.
[2] 中共中央马克思恩格斯列宁斯大林著作编译局. 列宁全集：第55卷［M］. 北京：人民出版社，2017：128.
[3] 中共中央马克思恩格斯列宁斯大林著作编译局. 马克思恩格斯选集：第3卷［M］. 北京：人民出版社，2012：864.

在规律,包括厘清各要素的互动关系、明晰矛盾关系的动力转化过程以及动力的作用发挥,在此基础上设计促进各要素有效互动顺利开展、助力转化过程有序进行的组合方式,并逐步将其系统化、规范化,坚持更新的常态化,在规律性认识的持续深化中保持组合方式的与时俱进、贴合实际,以实现思想政治教育矛盾—动力转化机制的优化完善。

二、把握实践发展中的思想政治教育矛盾变化

从矛盾视角出发审视思想政治教育内生动力,矛盾关系是内生动力生成的起点和根基,那么激发提升内生动力则要聚焦矛盾本身。深刻认识矛盾的动态性、发展性,切实把握实践发展中思想政治教育矛盾的发展变化,以把准激发提升内生动力的源头活水。

(一)把握实践发展中的思想政治教育矛盾变化是激发提升内生动力的重要着力点

矛盾是内生动力的关键来源,这是由矛盾的根本属性决定的。"矛盾是用来表达、说明事物及其发展过程的本质的概念。"[①] 这就阐明了矛盾不仅触及事物本质,并且贯穿并推动事物发展全程。由此,作为表达和说明事物发展概念的矛盾,其促进作用发挥是事物内生动力的关键部分。在思想政治教育场域中,矛盾的内生动力属性尤是如此。"思想政治教育的矛盾,是思想政治教育系统内部各构

---

① 陈先达,杨耕. 马克思主义哲学原理:第5版[M]. 北京:中国人民大学出版社,2019:118.

成要素相互联系的形式,是决定思想政治教育发生、存在与发展的根本动力。"① 这充分揭示了矛盾这一内部要素联系的内在本质,阐明了矛盾作用发挥下由内部生成的推动思想政治教育内涵式发展的根本动力。在此基础上,以马克思主义揭示的矛盾发展性为指导,坚持以动态眼光审视思想政治教育的矛盾变化。"思想政治教育是一个诸多因素相互作用的复杂运动过程,这个过程充满着各种各样的矛盾。"② 在持续开展的思想政治教育实践中,矛盾也伴随着要素互动不断发展变化,而这为内生动力的激发提升奠定了基础。把握实践发展中的矛盾变化,探究新形势下教育内部各要素的对立统一关系,以切实激发提升思想政治教育内生动力。

(二)在立足实践中把握思想政治教育矛盾的发展变化

在深刻认识把握矛盾发展变化对于激发提升内生动力的关键性作用基础上,聚焦矛盾发展变化的探索首先要切实立足思想政治教育实践。矛盾作为事物之间的对立统一关系,必然受事物发展的影响而不断变化。根本上看,"辩证矛盾作为世界发展的动力和源泉,是通过矛盾的不断发展和解决而表现出来的"③。事物的发展通过促进内部各要素的矛盾互动,实现实践基础上矛盾的发展变化,进而在作用发挥中进一步推动事物的发展,以形成矛盾基础上的动力循

---

① 《思想政治教育学原理》编写组.思想政治教育学原理:第2版[M].北京:高等教育出版社,2018:135-136.

② 《思想政治教育学原理》编写组.思想政治教育学原理:第2版[M].北京:高等教育出版社,2018:136.

③ 肖前.马克思主义哲学原理[M].北京:中国人民大学出版社,1998:250.

环。纵观思想政治教育实践，矛盾无处不在，"有的存在于思想政治教育系统内部，有的存在于思想政治教育系统与环境之间，有的在思想政治教育发展中居于支配地位，有的则受到其他矛盾的制约"①。而这些矛盾在思想政治教育实践中不断发展演变，具体体现在"随着社会的发展，将不断向人们提出一些新的要求，人的思想也会产生一些新变化，两者又会出现新的不平衡，这时思想政治教育又开始新的过程"②。因而，必须坚持实践导向，在肯定实践推动矛盾发展的基础上，切实理顺实践过程中对立统一关系的演变，坚持矛盾的普遍性以把准思想政治教育根本，具体分析演变过程中矛盾的特殊表现，牢牢抓住其中的主要矛盾以及矛盾的主要方面，进而切实把握思想政治教育矛盾的发展变化。

（三）在规律揭示中把握思想政治教育矛盾的发展变化

聚焦思想政治教育矛盾发展变化的探索还应当遵循规律。马克思主义在深刻揭示事物发展过程的同时，阐明了其中矛盾发生的一般变化。"事物发展的实在过程是：在各种外部条件的影响下，事物内部矛盾着的双方既互相依赖又互相排斥，既同一又斗争，使双方力量处在此消彼长的不断变化中；一旦矛盾双方的力量对比发生了根本性变化，便引起双方地位的相互转化，于是新矛盾取代旧矛盾，新事物取代旧事物。这是一个由事物内在的矛盾性而引起的'自己'

---

① 《思想政治教育学原理》编写组．思想政治教育学原理：第 2 版 [M]．北京：高等教育出版社，2018：136．

② 《思想政治教育学原理》编写组．思想政治教育学原理：第 2 版 [M]．北京：高等教育出版社，2018：137．

运动的过程。"① 这一规律性认识为理解把握思想政治教育矛盾的发展变化提供了根本指导。为激发提升内生动力，必须坚持以矛盾发展变化的规律性认识审视思想政治教育特殊实践，切实把握对立统一关系在教育要素互动中的运行规律，厘清矛盾发展变化的前提条件、内在机制、影响因素，认识矛盾发展变化的一般过程。其中应特别关注基本矛盾和具体矛盾关系，深刻认识基本矛盾是矛盾普遍性在思想政治教育中的本质体现，从而以不变的基本矛盾把握彰显特殊性的具体矛盾的发展变化，因为"这些矛盾的存在，归根结底还是因为个人现实的思想行为表现与社会一般要求之间存在差距的具体化"②。总体而言，坚持在矛盾发展变化规律指导下，认识厘清思想政治教育的矛盾发展变化，进而为激发提升内生动力疏通源头活水。

三、聚焦矛盾解决推进思想政治教育改革创新

基于对矛盾的认识把握可以发现，矛盾中蕴含着固有的动力属性，而动力作用的发挥仍需在矛盾解决中落实。激发提升内生动力，应聚焦内部矛盾的解决，在理顺矛盾关系、实现矛盾转化的过程中发掘动力属性，以推动思想政治教育改革创新。

---

① 肖前. 马克思主义哲学原理 [M]. 北京：中国人民大学出版社，1998：242-243.
② 《思想政治教育学原理》编写组. 思想政治教育学原理：第2版 [M]. 北京：高等教育出版社，2018：137.

(一) 促进思想政治教育矛盾解决是激发提升内生动力的关键所在

矛盾动力功能的实现最终要落实到矛盾的解决，这一逻辑终点同时孕育着新的发展，形成动力的循环。正如恩格斯在《反杜林论》中明确指出的，"矛盾的连续产生和同时解决正好就是运动"①，而矛盾的解决作为动力循环的关键，应当受到持续关注和深入探讨。"辩证矛盾作为世界发展的动力和源泉，是通过矛盾的不断发展和解决而表现出来的，因而深入认识矛盾的作用，就要分析矛盾的发展和矛盾的解决。"② 由此可以看到，矛盾解决与其动力作用发挥的密切关联，而着力分析和促进矛盾的解决也成为激发提升内生动力必须关注的重要着力点。就思想政治教育而言，首先应当关注一定社会的思想品德要求与人们实际思想品德水平这一关系固定又持续发展的特殊矛盾，"这个特殊矛盾的不断产生，不断解决，螺旋式上升，波浪式前进，无限循环往复，从而推动思想政治教育不断发展、前进"③。聚焦这一反映思想政治教育本质的特殊矛盾，着力促进其解决，进而带动其他矛盾的化解，在加强教育各要素有效互动的过程中，发掘矛盾关系中蕴藏的动力属性，进而实现在解决思想政治教育矛盾中切实激发和提升内生动力，以持续的内在循环逐步推动

---

① 中共中央马克思恩格斯列宁斯大林著作编译局. 马克思恩格斯选集：第3卷 [M]. 北京：人民出版社，2012：498.
② 肖前. 马克思主义哲学原理 [M]. 北京：中国人民大学出版社，1998：250.
③ 张耀灿，郑永廷，吴潜涛，等. 现代思想政治教育学 [M]. 北京：人民出版社，2006：6.

教育的革新和发展。

(二) 在理顺矛盾关系中促进思想政治教育矛盾解决

矛盾的解决关键在于矛盾关系的梳理,正如马克思主义所揭示的,"辩证矛盾是反映事物内部互相对立的方面之间又斗争又同一的关系的哲学范畴……这两种属性的相互结合、相互作用,便构成了辩证矛盾的运动过程"①。对立统一关系构成了矛盾的实质,那么在现实情境中矛盾的解决必须依靠认识把握事物之间的对立统一关系。聚焦思想政治教育场域,作为多要素共同参与、长期持续作用的主体实践活动,其中存在纷繁复杂的矛盾关系,不同要素之间呈现多重的对立统一。而且"思想政治教育是永无止境的动态过程。社会在前进,对社会成员的思想政治品德的要求也会与时俱进,人们现有的思想品德水准往往与社会发展的要求存在差距"②。由此在持续发展中,思想政治教育中的矛盾关系展现更为突出的动态性和复杂性,那么为促进矛盾的解决进而激发提升其中蕴含的内生动力,理顺矛盾关系成为关键之举。为此,必须坚持抓住矛盾关系中的主客体这一关键要素,以此为核心通过相互作用的互动关联,梳理各个要素之间的复杂关系,同时在教育实践开展中立足经验总结和规律认识,逐步把握思想政治教育要素互动基础上的矛盾关系变化的特征和机制,进而基于对矛盾关系的正确认识和清晰把握,找准矛盾

---

① 肖前. 马克思主义哲学原理 [M]. 北京:中国人民大学出版社,1998:237.
② 张耀灿,郑永廷,吴潜涛,等. 现代思想政治教育学 [M]. 北京:人民出版社,2006:6.

解决的着力点和突破口，在矛盾解决中激发提升内生动力。

(三) 在实现矛盾转化中促进思想政治教育矛盾解决

从矛盾的对立统一特性来看，矛盾在转化中解决，进而实现发展，其中由内部生发的动力也逐步得以激发提升。正如马克思主义揭示的，"发展是一物转化为他物，是转化为'自己的他物，是向自己的对立面的发展'"①。这就阐明了矛盾转化与矛盾解决即实现发展之间的内在联系，同时强调了矛盾转化的方向。"所谓'自己的对立面'，就是本来和自己互相依存着的对立面，即和自己内在地联系着的对立面。"② 由此助力矛盾转化以促进矛盾解决的着力点得以明确，从思想政治教育本身来说，这一任务也表现得尤为明显。"思想政治教育的全部工作，其直接目的和专门任务，都是为了把本阶级、本社会对人们的思想政治品德要求变成人们实际的思想品德，使人们实现从'现有'向'应有'的转变。"③ 基于此，聚焦思想政治教育的矛盾转化，坚持以马克思主义关于矛盾转化规律为指导，立足教育开展实际，从中把握助力矛盾转化的现实条件，从教育主体立场着力在改善教育供给、促进供需匹配上下功夫，以切实有效的教育供给有力推动人们的思想品德实际达到社会思想品德要求，从中促进矛盾的解决，以矛盾的转化和解决激发提升内生动力进而推

---

① 陈先达，杨耕. 马克思主义哲学原理：第5版 [M]. 北京：中国人民大学出版社，2019：122.
② 肖前. 马克思主义哲学原理 [M]. 北京：中国人民大学出版社，1998：239.
③ 张耀灿，郑永廷，吴潜涛，等. 现代思想政治教育学 [M]. 北京：人民出版社，2006：6.

动思想政治教育内涵式发展。

第三节　推动思想政治教育评价环节常态化制度化

评价是思想政治教育活动开展的内在环节,其具备的推动促进作用蕴含着强大力量。为切实发挥评价作用,必须在着力推动思想政治教育评价常态开展的基础上,系统完善评价制度体系,充分发挥评价导向作用,从而有效激发提升内生动力。

一、推动思想政治教育评价常态开展

为发挥评价的推动促进作用,从中激发提升内生动力,推动思想政治教育评价常态开展是前提。常态化有序开展的质量评价,能够持续生成促进功能,在运行中转化为推动思想政治教育发展的内生动力。

（一）推动思想政治教育评价常态开展是激发提升内生动力的重要着力点

评价反馈是思想政治教育过程中固有的内在环节,这是当前学界形成的共识。"思想政治教育活动是个相对完整的过程,应包括制定思想政治教育方案、实施思想政治教育方案、对思想政治教育活动进行总结与评价等环节。"① 一般而言，思想政治教育是从组织设计到实施开展再到评价反馈的系统过程，评价在教育实践中具有承上启下、推动促进的重要功能。这在思想政治教育评价的具体工作内容中展现得尤为明显，"评估环节是思想政治教育整体过程必不可少的组成部分，它通过科学的反馈，对思想政治教育工作的过程及各要素、效果及社会价值进行实事求是、科学的分析，以便总结经验、纠正偏差，最大限度地发挥思想政治教育的作用"②。这就充分揭示了评价的动力属性，思想政治教育评价在衡量比较反馈中发挥推动促进的动力作用，进而实现教育实践的循环开展和持续发展。而从激发提升内生动力的视角来看，保障思想政治教育评价的有序开展是其作用发挥的关键。而当前思想政治教育实践中存在评价缺失或者开展无序的情况和问题，这就极大影响评价推动促进作用的发挥。为此，着力推动思想政治教育评价的常态开展，保障教育评价的有序实施，不仅是解决当前问题的突破口，更是激发提升内生动力的重要着力点。

（二）在增强主体评价意识中推动思想政治教育评价常态开展

从根本上看，评价是意识主导下的主体性活动，在主体将意识转化实践的过程中开展。这充分体现了马克思主义所揭示的意识的能动作用，"意识可以通过'思维操作'，实现对客观事物超前的、

---

① 冯刚，彭庆红，佘双好，等．新时代高校思想政治教育学原理［M］．北京：人民出版社，2021：267．
② 冯刚，等．高校思想政治教育工作质量评价研究［M］．北京：人民出版社，2020：26．

观念的改造，指导并通过实践把理想变成现实，从而改变、创造世界"①。具体而言，主体的行动受意识主导，需要意识的支撑才能发挥主体的能动性。"人的内生动力是意识能动作用发挥的具体表现形态，强调个体内心的情感、思想、意志等主观精神对人的驱动效果。"② 那么，为推动思想政治教育评价常态开展，关键就在于增强作为主体的人的评价意识。为此首先应厘清评价主体的内涵，"思想政治教育工作质量评价主体是处于思想政治教育工作质量评价关系中相对思想政治教育工作质量评价客体而存在的现实的人，简言之，就是有目的、有意识地从事思想政治教育工作质量评价活动的现实的人"③。为了推动思想政治教育评价常态化有序开展，仍需进一步增强主体的评价意识，引导评价主体在深刻认识教育评价的重要性和必要性的基础上提升自觉性，在理解熟悉教育评价的丰富内容和严谨流程的基础上提振信心，进而在强化认同中切实增强主体的评价意识。

（三）在总结规律性认识中推动思想政治教育评价常态开展

实践中总结的规律性认识作为对客观实际的切实反映，是工作常态开展的内在依据和根本遵循。"长期以来，我国高校思想政治教

---

① 陈先达，杨耕. 马克思主义哲学原理：第5版［M］. 北京：中国人民大学出版社，2019：64.
② 聂小雄，朱宏强. 思想政治理论课教师专业发展的内生动力探赜［J］. 高校辅导员，2022（4）：10.
③ 冯刚，等. 高校思想政治教育工作质量评价研究［M］. 北京：人民出版社，2020：173.

育工作在探索中前进,形成了一系列规律性的认识,获得了一些成功经验,这为新时代高校思想政治教育创新发展奠定了坚实基础。"① 据此,评价作为思想政治教育的内在环节,其发展也必然需要符合这一规律性认识。只有与客观规律相适应,与教育实践相契合,思想政治教育评价才能常态开展。具体而言,无论是评价内容的确定,还是评价方法的选择,都应符合规律。从评价内容来看,"高校思想政治教育工作质量评价的内容并不能随意确定,确定这一内容,既要遵循思想政治教育的规律,也要遵循高校思想政治教育质量生成的规律,并在二者的统一中实现对高校思想政治教育工作质量评价内容的系统把握"②。选择评价方法也是如此,不仅要适应思想政治教育开展的规律,也要遵循教育评价运行的规律。而规律作为对教育实践的本质反映,需要我们立足教育评价的实际活动,注重在深入思考中总结经验,坚持辩证思维和理论思维,自觉从主观经验中凝练把握思想政治教育评价的规律性认识,进而以此为依据有效选择符合规律、切合实际的评价内容、评价方法、评价标准等,以推动思想政治教育评价的常态开展。

二、完善思想政治教育评价制度体系

发挥评价的推动促进作用以激发其中的内生动力,完善思想政

---

① 冯刚,等.高校思想政治教育工作质量评价研究[M].北京:人民出版社,2020:1.
② 冯刚,等.高校思想政治教育工作质量评价研究[M].北京:人民出版社,2020:67.

治教育评价制度体系是重要保障。制度支撑下的教育评价能够持续有效地发挥作用，其中蕴藏的内生动力也在制度完善中得以激发提升。

（一）完善思想政治教育评价制度体系是激发提升内生动力的重要突破口

制度是事物运行中经验和规律的凝结，也是事物发展进步的保障。习近平总书记站在治国理政的高度强调了制度的重要性，指出"制度是关系党和国家事业发展的根本性、全局性、稳定性、长期性问题"①，强调了制度与事物发展动力的密切关联。从动力的角度来看，制度以相对稳定的形式保障着促进事物发展动力的运行。从制度本质来看，"制度是一个历史范畴，随着经济基础的变化，其内容和形式也会发生变化；制度是一种关系范畴，用以调节和整合各种社会关系；制度是一种规范范畴，制定规则规范人们的行为，以此确定特定的社会秩序"②。这就阐明了制度立足自身的发展特性和调节功能，发挥着规范和维持事物运行的作用。在评价方面，思想政治教育评价也在制度功能开展中得以有序推进，其内在蕴含的动力属性实现转化和激发，进而在比较、衡量中监督和促进教育实践，内在蕴含的动力属性实现转化和激发。在此基础上，为更好发挥教育评价的推动促进作用，进一步提升内生动力，就需要切实发挥思

---

① 习近平．习近平谈治国理政：第3卷［M］．北京：外文出版社，2020：185．
② 冯刚，彭庆红，佘双好，等．新时代高校思想政治教育学原理［M］．北京：人民出版社，2021：234．

想政治教育评价制度的功能。因而着眼制度层面，聚焦教育评价问题，必须坚持实践导向和政策导向，在改进现有评价制度的基础上，推出适应实际、破解问题的新制度，以完善的思想政治教育评价制度体系，保障评价实践的有序开展及其作用的切实发挥，进而激发提升内生动力。

（二）在坚持系统思维中完善思想政治教育评价制度体系

思想政治教育评价制度体系是发挥评价作用以激发提升内生动力的有力支撑，而制度体系的完善必须坚持贯彻系统思维。从概念来看，制度体系是指不同类别、层次的制度按照一定的秩序和内部联系组合而成的整体，系统性、关联性是制度体系的突出特点。具体而言，思想政治教育评价制度体系具有结构化的表现形态，内部各制度要素"按照一定的排列组合方式，相互支撑、相互关联……体系的系统化强调思想政治教育要素具有组织性、关联性和逻辑性，避免其零散、孤立和随意"[1]。为此，完善思想政治教育评价制度体系必须坚持系统思维，以系统性、全局性、关联性视角整体设计构建教育评价制度，以形成结构合理、逻辑严密的制度体系。习近平总书记站在中国特色社会主义事业全局的高度强调制度体系建设，指出"我们要坚持以实践基础上的理论创新推动制度创新，坚持和完善现有制度，从实际出发，及时制定一些新的制度，构建系统完

---

[1] 冯刚，彭庆红，余双好，等．新时代高校思想政治教育学原理［M］．北京：人民出版社，2021：331．

备、科学规范、运行有效的制度体系,使各方面制度更加成熟更加定型"。① 思想政治教育作为中国特色社会主义事业的重要组成,必然遵循这一规律性认识和实践要求。坚持系统思维以完善思想政治教育评价制度体系,正确处理不同时期、不同类别、不同层次制度之间的关系,在与时俱进中不断推动教育评价制度系统化、结构化。

(三) 在坚持问题导向中完善思想政治教育评价制度体系

问题是改变和突破现状、推动创新发展的关键点,成为理论研究和实践探讨的重要视角。马克思主义充分肯定了问题内含的巨大动力价值和变革功能,强调"问题就是公开的、无畏的、左右一切个人的时代声音。问题就是时代的口号,是它表现自己精神状态的最实际的呼声"②。这就阐明了问题导向作为主体为推动事物发展所采用的关键视角,必须始终坚持。这在思想政治教育发展中体现得尤为明显,立足于现实的问题导向在作用发挥中引领并推动着理论研究和实践发展。习近平总书记强调了中国特色社会主义制度体系建设中的问题导向,指出"我国国家制度和国家治理体系建设中的空白点和薄弱点,具有鲜明的问题导向。在实际工作中,必须突出坚持和完善支撑中国特色社会主义制度的根本制度、基本制度、重要制度,着力固根基、扬优势、补短板、强弱项,构建系统完备、

---

① 习近平. 习近平谈治国理政 [M]. 北京:外文出版社,2014:10.
② 中共中央马克思恩格斯列宁斯大林著作编译局. 马克思恩格斯全集:第40卷 [M]. 北京:人民出版社,1982:289-290.

科学规范、运行有效的制度体系"①。以此为指导，坚持问题导向以完善思想政治教育评价制度体系，必须立足教育开展现实和评价实际，总结现有的制度成果和优势，找准和重点关注其中存在的突出问题，切实明确教育评价制度体系中的薄弱环节，进而将其作为制度体系建设的重点，在坚持现有制度、发扬制度优势、补足制度缺口、强化制度弱项中不断完善思想政治教育评价制度体系，在保障评价切实开展中激发提升内生动力。

三、发挥思想政治教育评价导向作用

评价的推动促进功能得以实现进而激发提升内生动力，关键在于发挥思想政治教育评价的导向作用。在教育评价的导向下，其中蕴含的动力属性得以激发，转化为推动思想政治教育发展的内生动力。

（一）发挥思想政治教育评价导向作用是激发提升内生动力的重要着力点

导向性是评价所固有的本质特征，在评价开展过程中实际存在着方向引导下的推动促进效果。"检查评价本身起着一种督促作用，这是不能否认的。"②而这种督促作用是有实际方向的，因此评价产生的方向引导下的督促作用成为以矢量衡量的动力。其中实现这一

---

① 习近平. 习近平谈治国理政：第3卷［M］. 北京：外文出版社，2020：127.
② 刘建军. 高校思想政治教育工作质量评价的必要性、可行性及其限度［J］. 学校党建与思想教育，2018（6）：6.

动力转化的关键,就是发挥思想政治教育评价的导向作用,只有"真正发挥评价的激励、导向、发展等功能,才能使高校思想政治教育工作质量评价真正实现提高教学质量、促进课程发展的目标"①。具体而言,在评价的导向作用下,无论是成果肯定获得的激励还是问题揭示产生的鞭策,以及因评价带来的人员、资金、物力等投入,都将转化为助力思想政治教育内涵式发展、促进其实效提升的持续内在力量。为此,必须坚持以发挥评价导向作用为重要着力点,切实"激发思想政治教育工作质量评价强大的内在动力,促进评价工作朝着所期望的目标迈进"②。通过进一步发挥评价的导向作用,在提升评价导向精度中优化推动促进的作用效率,在增强评价导向力度中改善推动促进的作用效果,进而经由思想政治教育评价实践的有序开展,从中持续激发推动教育改革发展的内生动力。

(二)在提升评价导向精度中切实发挥思想政治教育评价导向作用

动力作为有方向、有力度的矢量,其作用方向的精度直接影响动力的作用效率。从评价的角度来看,思想政治教育内生动力方向的准确性受教育评价导向作用精度的影响,教育评价提供越准确的方向导向,就越能发挥评价的推动促进作用以激发提升内生动力。一般而言,"导向功能是指对思想政治教育的方向和预期目标进行引

---

① 冯刚,等.高校思想政治教育工作质量评价研究[M].北京:人民出版社,2020:150.
② 冯刚,等.高校思想政治教育工作质量评价研究[M].北京:人民出版社,2020:10.

导，包括对政治方向和具体实践工作的引导"①。这就指明了思想政治教育视域中导向带有的两种"方向"——价值取向和实践指向，成为导向准确性的重要标尺。从价值取向来看，思想政治教育评价导向的准确性体现在其评价结果呈现的导向性与政治方向、需求意向等相适应。因为"思想政治教育评价强调正确的价值观导向，旨在促使思想政治教育任务的承担者对自身的工作状况进行反思、控制和调整，对影响目标的因素进行优化，从而更有益于思想政治教育的近期目标和长远目标"②。由此必须坚持以价值取向为准则，检查和审视评价结果，在提高匹配度中提升评价的导向精度。从实践维度来看，思想政治教育评价导向的准确性表现在，其评价结果呈现的导向性与现实状况、实际水平等相适应。坚持以实践指向为根本追求，促进评价结果符合实际、反映现实，在追求客观性中提升评价的导向精度。

（三）在增强评价导向力度中切实发挥思想政治教育评价导向作用

导向的方向准确作为前提影响评价的效率，"只有导向正确，才能防止思想政治教育的偏离和教育过程的失序，从而使高校思想政治教育工作始终沿着正确的方向来运行"③。在方向准确的前提下，

---

① 冯刚，彭庆红，佘双好，等. 新时代高校思想政治教育学原理［M］. 北京：人民出版社，2021：237.
② 冯刚，彭庆红，佘双好，等. 新时代高校思想政治教育学原理［M］. 北京：人民出版社，2021：330-331.
③ 冯刚，等. 高校思想政治教育工作质量评价研究［M］. 北京：人民出版社，2020：56.

评价导向的力度发挥最终影响评价的作用效果。为切实发挥评价的导向作用，进一步强化推动促进功能，必须着力增强思想政治教育评价的导向力度。而评价导向力度的增强，除了通过教育主管部门出台各项政策予以保障，评价主体切实执行外，还应注重发掘评价本身的丰富内涵，发挥评价的育人功能，进而强化导向作用。"高校思想政治教育工作质量评价虽然是一种工作评价，但其中包含着丰富的教育理念和价值导向，在科学的思想政治教育工作质量评价过程中，青年学生能够更好地理解思想政治教育价值引导的主要指向，进而明确自身成长发展的正确方向。"① 为此，必须坚持以发掘思想政治教育评价中蕴含的教育理念和价值导向为重要着力点，经由评价的有序开展，以奖优罚劣的特殊形式，一方面促进人财物等教育资源分配更加体现人本取向和高质量理念，另一方面帮助教育对象更加明确思想政治教育所传递的理想信念、价值理念和道德观念，从中切实增强评价的导向力度，进而在切实发挥思想政治教育评价导向作用中激发提升内生动力。

第四节　强化思想政治教育内生动力的凝聚融合

思想政治教育内生动力的激发提升不仅要从源头上下功夫，更

---

① 冯刚，等. 高校思想政治教育工作质量评价研究 [M]. 北京：人民出版社，2020：4.

要关注其合力本质，着力强化各项动力要素的凝聚融合。聚焦动力因素、动力方向和动力结构，切实发挥共同需求、目标任务以及统筹协调的凝聚作用，在有效融合中激发提升内生动力。

一、以共同需求凝聚动力因素

动力因素是内生动力的核心构成，凝聚动力因素将有力激发提升内生动力。共同需求作为思想政治教育愿望期待的集中表达，在凝聚动力因素中发挥着重要作用。坚持以提高思想政治教育质量、提升思想政治教育获得感的共同需求，将多元动力因素凝聚成内生合力。

（一）以共同需求凝聚动力因素是激发提升思想政治教育内生动力的重要着力点

作为内生动力中具备推动促进作用的核心要素，动力因素在凝聚融合中激发超越其本身的强大力量，而共同需求在其中发挥关键作用。马克思主义从人的需要本性强调了需要具备的凝聚融合作用，指出"由于他们的需要即他们的本性，以及他们求得满足的方式，把他们联系起来"[①]。共同的需要以及满足需要的方式将人们凝聚起来，将个体的力量凝聚成整体的合力，从而推动实践的发展。在思想政治教育领域中，各参与主体所反映的共同需求，以及为满足共同需求所采取的行为方式，切实将各项动力因素有机联系起来。具

---

① 中共中央马克思恩格斯列宁斯大林著作编译局. 马克思恩格斯全集：第3卷［M］. 北京：人民出版社，1960：514.

体而言，以提高思想政治教育质量、提升思想政治教育获得感为代表的共同需求，作为各参与主体关于愿望期待的共识，有效将包括教育内部矛盾、教育主客体的本质力量、教育评价等动力因素凝聚起来，融合成为满足共同需求、实现内涵式发展的整体合力，在这一过程中思想政治教育的内生动力得以激发提升。由此，为更有效开展这一过程以实现动力提升目的，从主观能动性发挥层面必须在认识把握当前思想政治教育共同需求的时代内涵、本质特征和现实指向的基础上，找准适当的方式方法和载体渠道，针对各项动力因素切实发挥凝聚融合作用，将教育内部矛盾、教育主客体的本质力量、教育评价等动力因素凝聚统一于推动思想政治教育内涵式发展的实践，从而在作用发挥中切实激发提升内生动力。

（二）以提高思想政治教育质量的共同需求凝聚动力因素

从需要本身来看，马克思主义剖析了人们之间建立在需要基础上的联系，指出"人们之间一开始就有一种物质的联系。这种联系是由需要和生产方式决定的，它和人本身有同样长久的历史；这种联系不断采取新的形式，因而就表现为'历史'，它不需要用任何政治的或宗教的呓语特意把人们维系在一起"[①]。这就阐明了人们在需要基础上建立的物质的联系逐步发展到政治的、精神的等其他层面的新的联系，始终将人们凝聚起来。在思想政治教育场域中，质量提升是所有参与主体的共同需求，"推动大学生思想政治教育创新发

[①] 中共中央马克思恩格斯列宁斯大林著作编译局. 马克思恩格斯选集：第1卷 [M]. 北京：人民出版社，2012：160.

展，全面提升思想政治教育发展质量，是党的十八大对思想政治教育提出的新任务和新要求"①，也正是这一需求将其串联到教育实践中。由此，作为内在联系的质量提升共同需求本身就蕴含着凝聚参与主体的功能，在激发提升思想政治教育内生动力中应当切实发挥这一凝聚融合作用。坚持以质量提升的共同需求为指引，有效凝聚教育主客体的本质力量，集中引导教育基本矛盾的切实解决，充分发挥评价在质量衡量基础上的促进作用，进而将多元动力因素统一于思想政治教育质量提升实践中，共同致力于需求的满足，在多元动力因素的目的协同中凝聚起推动教育内涵式发展的合力，与此同时思想政治教育的内生动力也得以激发提升。

（三）以提升思想政治教育获得感的共同需求凝聚动力因素

聚焦需要的特点，马克思主义强调了需要的发展性将不断推动整体合力的发展壮大，指出"像野蛮人为了满足自己的需要，为了维持和再生产自己的生命，必须与自然搏斗一样，文明人也必须这样做；而且在一切社会形式中，在一切可能的生产方式中，他都必须这样做。这个自然必然性的王国会随着人的发展而扩大，因为需要会扩大；但是，满足这种需要的生产力同时也会扩大"②。这就阐明了需要基础上凝聚的整体合力，将随着需要的发展性不断凝聚、融会和壮大。从思想政治教育来看，所有主体参与教育实践的直接

---

① 冯刚. 以问题为导向推进思想政治教育创新发展［J］. 思想教育研究，2013（6）：3.
② 中共中央马克思恩格斯列宁斯大林著作编译局. 马克思恩格斯文集：第7卷［M］. 北京：人民出版社，2009：928.

原因是满足主观获得的需求，这种需求本身对人的吸引力以及满足需求的强烈愿望给予人持续的内在动力，同时为满足需求必须开展的教育实践成为凝聚各项动力因素的载体。并且这种需求随着参与的深入和实践的开展不断深化发展，进而持续强化需求基础上凝聚的整体合力。由此，具备凝聚融合功能的获得感提升这一共同需求，在激发提升思想政治教育内生动力中能够发挥重要作用。坚持以获得感提升的共同需求为指引，从切实调动主客体这一教育核心要素的主观能动性出发，以激发教育矛盾解决、教育评价开展的原动力，进而串联起各项动力要素，在充分发挥各要素推动促进作用的基础上凝聚为满足获得感提升需求而奋斗的整体合力，从中激发提升推动思想政治教育内涵式发展的内生动力。

二、以目标任务凝聚动力方向

动力方向是内生动力作为矢量的关键要素，事关动力的作用效率，凝聚动力方向能够有效激发提升内生动力。目标任务作为具有指引性的愿望要求，在凝聚动力方向中发挥着重要作用。坚持推动思想政治教育内涵式发展、解决思想政治教育基本矛盾的目标任务，在方向凝聚中激发提升内生动力。

（一）以目标任务凝聚动力方向是激发提升思想政治教育内生动力的重要着力点

方向性是动力作为矢量的本质特征，这在动力从物理学向哲学社会科学领域的概念引申中体现得尤为明显。从指代"使机械做功的各种作用力"①,到"比喻推动工作、事业等前进和发展的力量"②,向前、向好的方向明确是概念中的突出变化。基于对动力方向性的认识,动力的方向影响动力作用的发挥就进一步被探讨明晰。动力的方向不一致甚至相反,将造成动力的消解和削弱,动力的方向一致则推动促进作用得以充分发挥。而正因为这一特性,明确了动力方向的凝聚能够有效增强动力。在思想政治教育领域,"目标与内容是基于应然与实然、理想与现实之间的张力而确定的,是教育者与教育对象之间联系的有效纽带,更是保证思想政治教育工作方向不偏颇的指南针和校正器"③。目标任务作为集体需要的集中表达,是全体思想政治教育参与者共同致力于完成的愿望要求。由此以目标任务为指引能够有效凝聚思想政治教育参与者的思想共识,进而将主观能动和要素投入集中于目标实现这一受力载体,切实凝聚思想政治教育内生动力的动力方向。在这一过程中,多元动力在同向同行中实现有机融合,激发出内生合力的强大力量。

(二)以推动思想政治教育内涵式发展的目标任务凝聚动力方向

内涵式发展作为教育高质量发展的必由之路,是教育发展模式改革后思想政治教育发展的目标任务。"新时代高校思想政治教育既要立足于实践之基,又要回答时代之问,更要满足学生所需……把

---

① 中国社会科学院语言研究所词典编辑室. 现代汉语词典:第7版 [M]. 北京:商务印书馆,2016:313.
② 中国社会科学院语言研究所词典编辑室. 现代汉语词典:第7版 [M]. 北京:商务印书馆,2016:313.
③ 冯刚,彭庆红,余双好,等. 新时代高校思想政治教育学原理 [M]. 北京:人民出版社,2021:150.

外部支持和中央文件精神转化为高校思想政治教育发展内在动力，实现外部支撑下的扩展到依靠学科自身力量基础上的内涵式发展转化，推动高校思想政治教育的增量改革和渐进提升，达到新高度。"① 由此，推动思想政治教育内涵式发展是顺应学科发展趋势和规律的重要目标，也是在现有基础上实现创新发展的关键任务。能够以推动思想政治教育内涵式发展凝聚动力方向，不仅是因为其作为目标任务发挥的作用，更是基于内涵式所涵盖范围的广阔性。"内涵式发展道路，是一项以提高质量为核心的系统创新工程，提高质量、优化结构、深化改革、促进公平是高等教育内涵式发展的重要支撑点。"② 可以说，内涵式发展覆盖思想政治教育中参与的各个要素、运行的各个环节，从动力视角审视这就关联起各个施力物体。坚持以推动思想政治教育内涵式发展为目标任务，切实关联教育参与的各个要素，全面覆盖教育运行的各个环节，在协同施力的基础上共同指向内涵式发展，进而在落实目标任务中切实凝聚动力方向，以实现内生动力的激发提升。

（三）以解决思想政治教育矛盾的目标任务凝聚动力方向

矛盾作为事物发展中必然贯穿的内在关系，与思想政治教育的发生、存在尤其是发展都密不可分。思想政治教育从基本矛盾的角度对发展问题做了充分说明，"思想政治教育之所以不断发展，在于

---

① 冯刚，彭庆红，佘双好，等．新时代高校思想政治教育学原理［M］．北京：人民出版社，2021：6．
② 冯刚．探索思想政治教育发展的内生动力［M］．北京：人民出版社，2017：151．

社会的发展变迁不断对人们的思想政治素质提出新的要求，这与人们思想政治素质实际状况之间始终构成一定的矛盾张力，这种矛盾张力产生了要不断加强和改进思想政治教育，推进思想政治教育创新发展的现实需要，这便成为思想政治教育不断发展的内生动力"①。这就阐明了矛盾作为内生动力推动思想政治教育持续向前发展的作用效果，进一步解析这一过程可以发现矛盾对于动力方向的凝聚作用。矛盾是思想政治教育中存在问题的集中反映，解决矛盾是核心的目标任务。而"矛盾普遍存在于事物的发展过程中，思想政治教育过程是思想政治教育各要素相互作用、复杂运动的过程，其中也存在各种矛盾"②。正是由于矛盾的普遍存在性，其中蕴含的动力潜质也贯穿着思想政治教育各个部分、各个环节。而这种动力潜质也将在解决思想政治教育矛盾解决中激发出来，在各个方面发挥作用推动教育改革发展。聚焦解决思想政治教育矛盾的目标任务，坚持在矛盾解决实践中激发动力属性，并在实现矛盾解决的共同目标中凝聚起协同用力的动力方向，在同向同行中激发提升内生动力。

三、以统筹协调凝聚整体合力

整体合力作为对内生动力本质的直接反映，呈现出结构性的突

---

① 沈壮海. 新编思想政治教育学原理[M]. 北京：中国人民大学出版社，2022：159.

② 沈壮海. 新编思想政治教育学原理[M]. 北京：中国人民大学出版社，2022：158.

出特点和统筹协调的现实需要。统筹协调是凝聚合力的有力举措，在内生动力的激发提升中发挥着重要作用。坚持以统筹协调凝聚整体合力，切实把准激发提升内生动力的有效方法。

（一）以统筹协调凝聚整体合力是激发提升思想政治教育内生动力的重要着力点

统筹协调是主体基于对外部事物的认识把握，切实发挥主观能动性，通过统一筹划、协商调和等方法举措将事物有效凝聚的实践行动。其中多元力量的凝聚是统筹协调作用发挥的根本体现，对事物的统筹协调根本上是对事物背后蕴含的力量的统筹协调。"统筹和协调是形成工作合力的关键。"① 由分散到凝聚，由错乱到有序，是统筹协调作用发挥的效果呈现。在此基础上，工作中的多元力量得以有效凝聚、恰当配合，因而统筹协调成为工作合力形成的关键。在思想政治教育领域中，统筹协调更是贯穿教育各个方面、各个环节的根本举措，在整体合力凝聚中发挥着不可替代的关键作用，这是由教育要素的多元性及其关系的复杂性决定的。在教育实践开展中，"通过统筹协调管理过程各要素之间的关系，以实现思想政治教育管理目标"②。在这一过程中，以教育主体为核心的教育参与者充分发挥主观能动性，通过统筹协调的方式方法，从根本上理顺各教育要素之间的关系，进而促进各要素的有效互动，在统一筹划中增

---

① 张璁，魏哲哲，王比学，等．十三届全国人大常委会第三十二次会议审议多部法律草案［N］．人民日报，2021-12-21（4）．
② 冯刚，彭庆红，佘双好，等．新时代高校思想政治教育学原理［M］．北京：人民出版社，2021：318．

强要素互动的有序性和全面性,在协商调和中提升要素互动的效率和质量,经过协调配合凝聚成为相辅相成、同向同行的整体合力,指向思想政治教育的内涵式发展。

(二) 在统一筹划中凝聚思想政治教育整体合力

统筹意指"统一筹划",包含整体规划、力量整合等多重意蕴。在思想政治教育领域中,这些意蕴有着更为鲜明的体现以及更为丰富的内涵。一方面,坚持整体规划以凝聚思想政治教育整体合力。思想政治教育是一项多要素共同参与的系统工程,为保证这一系统的充分调动、有序运行,整体规划是必须坚持和贯彻的根本举措。"要以系统性思维规划发展,把重点突破与整体推进有机统一起来,坚持统筹兼顾这个根本方法……更好地服务于高等教育内涵式发展。"[①] 在主观能动性的充分发挥下,从源头上全面设计和细致规划各教育要素的互动作用,在整体规划中凝聚思想政治教育整体合力。另一方面,坚持力量整合以凝聚思想政治教育整体合力。思想政治教育是多元力量共同作用的育人事业,为保证多元力量的有序参与、协同用力,力量整合是实现这一目标的必由之路。"重点在'融合'上做文章,坚持以学生为中心,全面统筹各领域、各环节、各方面的育人资源和育人力量,发挥好不同育人主体的作用,推动知识传授、能力培养与理想信念、价值理念、道德观念教育的有机结合,

---

① 冯刚. 探索思想政治教育发展的内生动力 [M]. 北京:人民出版社,2017:152.

以及家庭、学校、社会相互配合"。① 坚持以共同育人目标为指引,充分发挥各育人力量的特性和功能,在相辅相成、有机整合中凝聚提升推动思想政治教育内涵式发展的整体合力。

(三) 在协商调和中凝聚思想政治教育整体合力

协调意指"使配合得适当"②,强调多元参与要素的互动和谐、配合有序,发挥凝聚整合力量的关键作用。面对教育运行开展的现实情况,思想政治教育应"着眼于多方力量的统筹协调……需要组织和协调各方面力量,形成多方支持、通力合作的整体合力"③。作为多元要素共同参与、多方力量共同作用的系统,思想政治教育在运行过程中有时会出现因要素之间不匹配而导致的运行不畅、因力量之间不适应而产生对抗与消耗等问题。"一切教育效果都是教育过程的直接产物,只有思想政治教育的过程完善和合乎规律,教育才能产生良好的效果"④,这就提出了协商调和的现实必要性。着眼于协商的角度,切实发挥主体要素的主观能动性,经过沟通、商量,使得各要素能够在思想政治教育运行中处于适当的位置,充分发挥各自的特性和作用,进而在和谐互动、有序配合中激发并凝聚思想

---

① 冯刚,彭庆红,佘双好,等. 新时代高校思想政治教育学原理 [M]. 北京:人民出版社,2021:98-99.
② 中国社会科学院语言研究所词典编辑室. 现代汉语词典:第7版 [M]. 北京:商务印书馆,2016:1449.
③ 冯刚. 探索思想政治教育发展的内生动力 [M]. 北京:人民出版社,2017:45.
④ 冯刚,等. 高校思想政治教育工作质量评价研究 [M]. 北京:人民出版社,2020:79.

政治教育整体合力。着眼于调和的角度，思想政治教育要在实际运行过程中切实发挥其功能作用，需要关注和重视系统中多方力量间的适应性问题，科学把握并有效遵循思想政治教育内部运行和发展规律，通过激发、调和、凝聚各方力量，着力提升合力的整体动能和效能，进而在内生动力的协调凝聚中推动思想政治教育内涵式发展。

结　语

　　思想政治教育内生动力研究是适应时代发展和学科发展需要提出的重要课题，是深化新时代思想政治教育理论研究和实践发展的重要着力点和突破口。内生动力作为内源性动力，根源于思想政治教育的持续矛盾运动、不竭主体精神动力和教育循环运行，因而成为思想政治教育内涵式发展的可持续动力。同时，内生动力是思想政治教育理论深化的重要着力点，内生动力生成于思想政治教育内部各要素的相互作用，对思想政治教育内生动力的研究必然涉及对主体、客体、内容等多要素及其作用关系的认识研究。可以说，思想政治教育内生动力研究提供了一个整体性视角和探究的线索，促进思想政治教育基础理论的深化发展。此外，思想政治教育内生动力是理论统一于实践的重要命题，内生动力必须在思想政治教育实践中运行才能发挥作用，思想政治教育内生动力理论指导内生动力的激发调动、推动功能的有效发挥。思想政治教育内生动力展现出的重要理论价值和实践价值，支撑着本书的研究。本书立足思想政治教育理论和实践发展，以马克思主义矛盾理论和需要理论为基础，以回答什么是思想政治教育内生动力、思想政治教育内生动力包括哪些、思想政治教育内生动力如何形成等问题为主线，以激发提升内生动力从而推动思想政治教育发展为目标，运用系统分析法等方法，通过科学把握思想政治教育内生动力的基本内涵，重点分析思想政治教育内生动力的系统构成和形成机制，落脚探讨思想政治教育内生动力的提升路径，以形成系统的思想政治教育内生动力理论研究。

聚焦思想政治教育内生动力，本书以系统思维架构并研究思想政治教育内生动力的关键问题，是笔者结合自身知识储备和探究能力从理论视角阐述对思想政治教育内生动力的认识，碍于能力有限对一些问题的探讨有待深入。首先，思想政治教育内生动力的概念内涵仍需进一步明晰。内生动力作为社会学、心理学、教育学等多学科共同关注的问题，在思想政治教育视域下如何立足教育发展实践、运用学科研究范式，准确揭示其本质内涵，需要更规范、更深入的探索。其次，思想政治教育内生动力的构成要素有待进一步丰富和梳理。思想政治教育内生动力是一个多层次、结构化、多要素构成的合力，并随着教育实践的发展不断丰富。本书在现有理论和实践基础上，从矛盾运动、主客体需求、评价环节等维度，梳理探讨了思想政治教育内生动力的核心要素，需要在后续研究中，随着实践发展和认识深化，进一步丰富和梳理思想政治教育内生动力的构成要素。再次，思想政治教育内生动力的形成机制有待进一步把握和深化。形成机制是思想政治教育内生动力研究的关键部分和难点问题，本书以时间为序将思想政治教育内生动力的形成过程划分为生发、转化、凝聚三个阶段，并探究提炼了其中的规律性认识，提出了关于思想政治教育内生动力形成机制的理论探讨，但更多停留在经验层面，对机制层面的认识有待深化，需要在后续研究中进一步系统的研究和把握。最后，思想政治教育内生动力的激发提升路径有待进一步拓展。激发提升思想政治教育内生动力是这一研究的价值旨归，本书从几个角度进行了路径探索，全面性和实效性都有待完善，与此同时有效路径的探讨也离不开对基础理论有更加清晰、深刻的认识，需要在后续研究进一步深化拓展。

总体而言，思想政治教育内生动力是具有重要研究价值、有待持续深入探讨的重要课题，值得研究者们进行系统梳理和深入探究。笔者更多的是希望通过本书能够吸引专家学者们对思想政治教育内生动力研究的关注，在现有认识基础上共同探讨、厘清这些问题，共同推动思想政治教育的内涵式发展。

参考文献

一、中文文献

（一）专著

[1] 中共中央马克思恩格斯列宁斯大林著作编译局. 马克思恩格斯选集：第1卷［M］. 北京：人民出版社，2012.

[2] 列宁. 列宁选集：第1卷［M］. 北京：人民出版社，2012.

[3] 毛泽东. 毛泽东选集：第1卷［M］. 北京：人民出版社，1991.

[4] 邓小平. 邓小平文选：第1卷［M］. 北京：人民出版社，1994.

[5] 邓小平. 邓小平文选：第3卷［M］. 北京：人民出版社，1993.

[6] 江泽民. 江泽民文选：第1卷［M］. 北京：人民出版社，2006.

[7] 胡锦涛. 胡锦涛文选：第1卷［M］. 北京：人民出版社，

2016.

[8] 习近平. 习近平谈治国理政：第1卷 [M]. 北京：外文出版社，2014.

[9] 习近平. 习近平谈治国理政：第2卷 [M]. 北京：外文出版社，2017.

[10] 习近平. 习近平谈治国理政：第3卷 [M]. 北京：外文出版社，2020.

[11] 习近平. 习近平谈治国理政：第4卷 [M]. 北京：外文出版社，2022.

[12] 习近平. 高举中国特色社会主义伟大旗帜 为全面建设社会主义现代化国家而团结奋斗：在中国共产党第二十次全国代表大会上的报告 [M]. 北京：人民出版社，2022.

[13] 陈万柏，张耀灿. 思想政治教育学原理：第3版 [M]. 北京：高等教育出版社，2015.

[14] 陈先达，杨耕. 马克思主义哲学原理：第5版 [M]. 北京：中国人民大学出版社，2019.

[15] 冯刚，等. 高校思想政治教育工作质量评价研究 [M]. 北京：人民出版社，2020.

[16] 冯刚，彭庆红，佘双好，等. 新时代高校思想政治教育学原理 [M]. 北京：人民出版社，2021.

[17] 冯刚. 探索思想政治教育发展的内生动力 [M]. 北京：人民出版社，2017.

[18] 冯刚. 改革开放 40 年高校思想政治教育编年史（1978—2018）[M]. 北京：北京师范大学出版社，2019.

[19] 冯刚. 改革开放以来高校思想政治教育发展史 [M]. 北京：人民出版社，2018.

[20] 冯刚. 理直气壮开好思政课：把握新时代思政课建设规律 [M]. 北京：人民出版社，2019.

[21] 顾明远. 教育大辞典：增订合编本 [M]. 上海：上海教育出版社，1998.

[22] 郝登峰. 现代精神动力论 [M]. 广州：广东人民出版社，2005.

[23] 侯钧生. 西方社会学理论教程：第 4 版 [M]. 天津：南开大学出版社，2017.

[24] 黄蓉生. 改革开放 40 年大学生思想政治教育奋进论 [M]. 重庆：西南师范大学出版社，2019.

[25] 教育部思想政治工作司组. 加强和改进大学生思想政治教育重要文献选编（1978—2014）[M]. 北京：知识产权出版社，2015.

[26] 廖志诚. 思想政治教育创新动力论 [M]. 北京：社会科学文献出版社，2012.

[27] 伍德沃斯. 动力心理学 [M]. 高申春，高冰莲，译. 北京：中国人民大学出版社，2017.

[28] 骆郁廷. 精神动力论 [M]. 武汉：武汉大学出版社，2003.

[29] 马健生. 教育改革动力研究：新制度主义的视角 [M].

长春：吉林人民出版社，2005.

［30］韦伯．经济与社会：第1卷［M］．阎克文，译．上海：上海人民出版社，2009.

［31］宋德勇．人学视角的现代思想政治教育研究［M］．郑州：河南人民出版社，2016.

［32］王守恒．教育动力论［M］．北京：人民教育出版社，1999.

［33］肖前．马克思主义哲学原理［M］．北京：中国人民大学出版社，1998.

［34］徐斌．当代中国改革的人学分析［M］．哈尔滨：黑龙江人民出版社，2008.

［35］张耀灿，郑永廷，吴潜涛，等．现代思想政治教育学［M］．北京：人民出版社，2006.

（二）期刊

［1］陈步云．论高校实践育人动力机制的构建［J］．学校党建与思想教育，2018（11）.

［2］陈虹．以供给侧改革激活高校思想政治教育内生动力［J］．福建医科大学学报（社会科学版），2019（2）.

［3］陈宗章．社会场域中思想政治教育现代转型的动力探析［J］．求实，2014（4）.

［4］樊伟．推动新时代教育改革创新向纵深发展［J］．中国大学教学，2020（10）.

[5] 冯刚,金国峰.新中国成立70年来高校思想政治教育的发展动力、经验和展望[J].思想理论教育,2019(10).

[6] 冯刚,朱宏强.思想政治教育内生动力的理论审思[J].马克思主义理论学科研究,2022(6).

[7] 冯刚.激发思想政治理论课改革创新的深层力量[J].学术论坛,2020(2).

[8] 冯刚.增强高校思想政治教育持续发展的内生动力[J].中国高等教育,2017(Z2).

[9] 冯刚.增强新时代思想政治教育专业人才培养的内在动力[J].学校党建与思想教育,2021(5).

[10] 高惠珠.马克思需要理论与价值哲学创新[J].上海师范大学学报(哲学社会科学版),2010(1).

[11] 郜火星.思想政治教育接受主体正向外在被动力分析[J].探索,2006(2).

[12] 郭湛,王洪波.改革、发展、稳定、和谐的动力机制[J].天津社会科学,2008(5).

[13] 韩迎春,张蕾.社会转型时期思想政治教育的发展动力探析[J].学术论坛,2012(2).

[14] 胡伯项,贾凌昌.思想政治教育社会认同的动力来源与模型构建[J].思想教育研究,2013(2).

[15] 景红.对构建高校思想政治工作动力机制的探讨[J].宁夏社会科学,2011(6).

[16] 李世清. 大学生社会主义核心价值观培育的内生动力机制研究 [J]. 学校党建与思想教育, 2016 (24).

[17] 厉晓妮. 论思想政治教育发展的内生动力 [J]. 学校党建与思想教育, 2018 (9).

[18] 廖志诚. 论思想政治教育发展动力系统的构成 [J]. 马克思主义与现实, 2009 (6).

[19] 廖志诚. 思想政治教育发展动力类型初探 [J]. 福建论坛, 2008 (4).

[20] 刘党英. 思想政治教育动力机制探析 [J]. 扬州大学学报（高教研究版）, 2006 (3).

[21] 刘剑霞. 思想政治教育接受的动力结构 [J]. 中学政治教学参考, 2020 (6).

[22] 刘居安. 论思想政治教育动力机制 [J]. 马克思主义与现实 [J]. 2005 (4).

[23] 刘居安. 论思想政治教育接受主体内在主动力系统的结构及其优化 [J]. 求实, 2005 (3).

[24] 刘先进. 思想政治教育动力机制探析 [J]. 求实, 2006 (7).

[25] 卢岚. 思想政治教育空间转向的缘起、动力机制与价值勘定 [J]. 中国矿业大学学报（社会科学版）, 2021 (4).

[26] 马奇柯. 论思想政治教育的动力机制 [J]. 江汉论坛, 2004 (9).

[27] 聂小雄，朱宏强．思想政治理论课教师专业发展的内生动力探赜［J］．高校辅导员，2022（4）．

[28] 聂小雄．以评价促进思政课教师专业发展探论［J］．中学政治教学参考，2022（36）．

[29] 亓凤香．论思想政治教育的外在接受动力［J］．思想教育研究，2011（3）．

[30] 钱闻明．高校思想政治教育者转型的动力谫论［J］．学校党建与思想教育，2018（8）．

[31] 邱哲．思想政治教育接受主体的内在动力：接受理论的视角［J］．青海社会科学，2010（2）．

[32] 邵献平，张耀灿．需要：思想政治教育信息传输的动力［J］．理论探讨，2006（4）．

[33] 邵献平．思想政治教育动力机制新论［J］．探索，2006（5）．

[34] 宋明．大学生道德动力建构探析［J］．思想教育研究，2005（2）．

[35] 孙其昂．论思想及思想政治教育内生机制［J］．思想政治教育研究，2014（3）．

[36] 唐晓燕．思想政治教育动力辨析［J］．思想政治教育研究，2015（2）．

[37] 万峰宇．社会主义核心价值观践行主体的内生动力［J］．思想政治课教学，2017（2）．

[38] 汪光皎. 改革创新是推进军队思想政治教育发展进步的强大动力 [J]. 思想教育研究, 2009 (2).

[39] 王爱莲, 康秀云. 高校思想政治理论课内涵式发展的建设合力探析 [J]. 广西社会科学, 2021 (4).

[40] 王丽鸽, 李炳毅. 思想政治教育创新发展的文化理路 [J]. 思想政治教育研究, 2015 (6).

[41] 王瑞丽, 张斌. 谈非常态下高校思想政治教育新机制建构的动力解析及指导原则 [J]. 教育探索, 2013 (5).

[42] 王玉香. 论马克思主义视阈下"思想"的动力功能 [J]. 理论学刊, 2017 (3).

[43] 吴瑕, 颜吾佴. 大学生思想政治教育的核心动力考察 [J]. 北京: 北京交通大学学报 (社会科学版), 2011 (3).

[44] 吴晓敏. 思想政治工作要坚持辩证动力观 [J]. 求实, 2000 (12).

[45] 徐菲, 戴锐. 思想政治教育内容变迁的社会动力研究 [J]. 思想教育研究, 2018 (7).

[46] 杨雅涵. 学生接受思想政治教育内在动力探析 [J]. 教学与管理, 2018 (27).

[47] 姚红波, 许悦联. 思想政治教育视野下自我教育的动力机制研究 [J]. 求实, 2006 (1).

[48] 张峰, 韩丹. 论新中国高校思想政治教育政策变迁的动力机制 [J]. 东北师大学报 (哲学社会科学版), 2012 (3).

[49] 张军. 新媒体环境下现代思想政治教育的动力生成 [J]. 学校党建与思想教育, 2011 (7).

[50] 张栓兴, 武炎旻, 单舒平. 试论思想政治教育的动力保障机制 [J]. 理论导刊, 2006 (3).

[51] 张彦. 激活新时代高校教师思想政治工作内生动力 [J]. 国家教育行政学院学报, 2020 (3).

[52] 张毅翔. 论思想政治教育客体精神动力系统 [J]. 学校党建与思想教育, 2006 (8).

[53] 赵勤. 思想政治教育接受主体动力的实践特征 [J]. 教学与管理, 2010 (12).

(三) 报纸

[1] 习近平在部分省区党委主要负责同志座谈会上强调 加大支持力度增强内生动力 加快东北老工业基地振兴发展 [N]. 人民日报, 2015-07-20 (1).

[2] 习近平主持召开中央全面深化改革领导小组第十五次会议强调 增强改革定力保持改革韧劲 扎扎实实把改革举措落到实处 [N]. 人民日报, 2015-08-19 (1).

[3] 习近平在全国高校思想政治工作会议上强调 把思想政治工作贯穿教育教学全过程 开创我国高等教育事业发展新局面 [N]. 人民日报, 2016-12-09 (1).

[4] 中共中央国务院印发《关于加强和改进新形势下高校思想

政治工作的意见》[N]. 人民日报, 2017-02-28 (1).

[5] 习近平主持召开中央全面深化改革委员会第十五次会议强调 推动更深层次改革实行更高水平开放 为构建新发展格局提供强大动力 [N]. 人民日报, 2020-09-02 (1).

[6] 中共中央国务院印发《关于新时代加强和改进思想政治工作的意见》[N]. 人民日报, 2021-07-13 (1).

[7] 习近平在中国人民大学考察时强调 坚持党的领导传承红色基因扎根中国大地 走出一条建设中国特色世界一流大学新路 [N]. 人民日报, 2022-04-26 (1).

二、英文文献

[1] DOUGHERTY K J. Mass Higher Education: What is its Impetus? What is its Impact? [J]. Teachers College Record, 1997, 99 (1).

[2] HIZI G. Marketised "Educational Desire" and the Impetus for Self-Improvement: The Shifting and Reproduced Meanings of Higher Education in Contemporary China [J]. Asian Studies Review, 2019, 43 (3).

[3] MACHARIA J K N, PELSER T G. Key Factors That Influence the Diffusion and Infusion of Information and Communication Technologies in Kenyan Higher Education [J]. Studies in Higher Education, 2014, 39 (4).

后 记

本书是在博士学位论文基础上进一步修改完成的，凝聚了自身长期以来对思想政治教育内生动力这一问题的理解和认识。思想政治教育学科经过40年的长足发展，逐渐进入内涵式高质量发展的新阶段，呼唤更有力、可持续的动力支撑，而内生动力是破解发展问题的关键所在。思想政治教育内生动力是适应思想政治教育内涵式高质量发展趋势和新时代思想政治教育守正创新要求提出的重要课题，具有理论统一于实践的关键价值。值此思想政治教育学科成立40年之际，充分认识思想政治教育内生动力的丰富蕴涵，深刻把握思想政治教育内生动力的形成机制和运行规律，以系统的思想政治教育内生动力理论指导思想政治教育内生动力的实际提升，进而为思想政治教育内涵式高质量发展提供可持续的动力支持。

本书是聚焦思想政治教育内生动力的系统理论研究，以整体框架进行深入探讨，围绕思想政治教育内生动力的学理阐释、理论渊源、系统构成、形成机制、激发提升五个部分开展研究，各章之间相辅相成、相互支撑，着力从理论层面深入回答思想政治教育内生动力的核心问题。与此同时，本书的写作过程不仅是对思想政治教育内生动力认识深化的过程，也是自身内生动力不断激发调动的过程，激励自身在思想政治教育教学科研上踔厉奋发、贡献力量。

  本书的成文出版得到太多的支持和帮助，感谢导师冯刚教授的指导和帮助，从博士论文选题、框架设计、写作打磨、成书出版都提供了悉心指导和鼎力支持。感谢电子科技大学聂小雄老师，我们从博士求学以来一直相互扶持、共同进步，聂老师对本书的写作和修改提出了很多宝贵意见。感谢北京邮电大学马克思主义学院对本书出版的资助。感谢光明日报出版社的支持，感谢编辑部老师们的细心编校。感谢为本书成文出版提供帮助的各位师长、朋友，在此一并谢过。本书是自身关于思想政治教育内生动力的认识探讨，碍于水平有限，如若有错误疏漏之处，敬请各位专家老师批评指正。

朱宏强

2023 年 11 月于北京